亚马逊高效问题解决法

[日] 佐藤将之 著

赵艳华 译

中国科学技术出版社
·北 京·

アマゾンのすごい問題解決
佐藤 将之
Copyright © 2018 by MASAYUKI SATO
Original Japanese edition published by Takarajimasha, Inc.
Simplified Chinese translation rights arranged with Takarajimasha, Inc.,through Shanghai
To-Asia Culture Co., Ltd.
Simplified Chinese translation rights © 2020 by China Science and Technology Press Co.,
Ltd.
北京市版权局著作权合同登记　图字：01-2021-4960。

图书在版编目（CIP）数据

亚马逊高效问题解决法 /（日）佐藤将之著；赵艳
华译 . —北京：中国科学技术出版社，2021.12
　　ISBN 978-7-5046-9356-3

　　Ⅰ . ①亚… Ⅱ . ①佐… ②赵… Ⅲ . ①电子商务—商
业企业管理—研究—美国 Ⅳ . ① F737.124.6

中国版本图书馆 CIP 数据核字（2021）第 246233 号

策划编辑	申永刚　　杨汝娜	
责任编辑	申永刚	
版式设计	蚂蚁设计	
封面设计	马筱琨	
责任校对	张晓莉	
责任印制	李晓霖	

出　　版	中国科学技术出版社	
发　　行	中国科学技术出版社有限公司发行部	
地　　址	北京市海淀区中关村南大街 16 号	
邮　　编	100081	
发行电话	010-62173865	
传　　真	010-62173081	
网　　址	http://www.cspbooks.com.cn	

开　　本	880mm×1230mm　1/32	
字　　数	100 千字	
印　　张	6	
版　　次	2021 年 12 月第 1 版	
印　　次	2021 年 12 月第 1 次印刷	
印　　刷	北京盛通印刷股份有限公司	
书　　号	ISBN 978-7-5046-9356-3/F · 966	
定　　价	59.00 元	

亚马逊发生了翻天覆地般的变化。

2018年12月，我再次来到位于美国西海岸的西雅图。这里就是亚马逊总部的所在地。我上一次来这里还是2015年，当时我还在亚马逊工作。记得那时南湖联盟（South Lake Union）才刚刚开始开发，只建成了几栋建筑。那里既没有公司招牌，也没有大门和围墙，大概很少有人知道那就是亚马逊的总部。

但是到了2018年，公司搬到了更宽敞的地带，还建起了总部大楼。我的一位在亚马逊担任副总裁的老友说："和亚马逊有关的大楼仅这一带就有35栋之多。"在西雅图，曾经先后诞生过波音、微软以及星巴克等著名企业。现在的西雅图已形成了以亚马逊为中心的经济圈，上下班高峰时段甚至出现了交通拥堵的现象。亚马逊的影响力之大可见一斑，这一切被人们称作"亚马逊效应"。

西雅图这座城市的发展速度与亚马逊这家公司的发展速度相呼应。近年来，亚马逊的销售额以每年30%的增长率快速发展。这意味着每两年亚马逊的业务规模就会翻一番，这得益于外部环境的不断改善。时隔三年，我再次来到西雅图，发现我记忆中的西雅图实现了华丽变身。

要实现可持续发展目标，一定要解决根本问题

为什么本书致力于解决问题，却要在前言中先谈论亚马逊的发展速度呢？

这是因为，高速发展的企业如果不致力于解决根本问题，就会在经营过程中出现纰漏。思考问题和解决问题，是亚马逊在发展过程中不可或缺的两大要素。

亚马逊习惯于使用倒推思维（Thinking Backward）来处理问题。首先需要思考我们的最终目标是什么，再根据最终目标思考现在必须做什么。就像建房子一样，如果地基不牢固，建筑物迟早会倒塌。同样的道理，如果不从根本上解决问题，而只是满足于应对眼前的麻烦，那么即使企业获得了暂时的发展，也会在将来的某个节点陷入停滞，难以向前发展。

作为亚马逊日本分公司的第17位入职者，我有幸参与了

分公司的筹建工作，并在此后的15年间一直在亚马逊工作。离开亚马逊之后，我再一次感受到它真的是一家有着超强行动力和决断力的企业。

亚马逊的首席执行官杰夫·贝佐斯对企业发展的深谋远虑程度远超我们的想象。团结在他周围与他志同道合的亚马逊员工们，也在工作中不断寻找解决问题的最佳方案。

当然，亚马逊的做法并不一定是唯一正确的答案。不过，我们的社会现在正面临着各种危机和挑战：少子与老龄化程度的进一步加深、人工智能发展……可以预见，大变革的时代即将到来。在这种背景下，企业在发展时一定会遇到各种问题。我想，亚马逊解决问题的方法或许会给直面这些问题的职场人士，尤其是中层管理人员提供一些有益的借鉴。这就是我写这本书的初衷。

语音智能住宅和无人人工智能便利店帮助人们解决社会问题

2018年年末，我在西雅图亲身体验了亚马逊的几项新业务。亚马逊体验中心（Amazon Experience Center）正在销售一款智能住宅。这款住宅由亚马逊和某大型房产商联合开发建设，它一共有2层楼，共有4个卧室。其特点是房间中设置有亚马逊智能音箱（Amazon Echo），人们只需通过声音便可以发号施令。声音指令的范围很广，囊括我们生活的方方面面，例如"我想看电影""打扫房间""拉开窗帘""关灯"等。这是一款面向未来的住宅，人们有望通过它解决老龄化和独居等社会问题。以前的时代是技术人员利用技术进行发明创造、制造产品或者提供服务。而当今时代，人们致力于解决问题。追逐梦想的人与技术人员相互协作，一起面向使用者制造新产品、提供新服务。

此外我还到亚马逊人工智能无人便利店一号店（Amazon Go）里体验了一番。人们只需要提前在手机上下载相关的应用程序，在便利店入口点击应用程序完成认证，把商品装入购物袋后直接出门就可以了。结账是手机自动完成的。天花板上安装的数个摄像头可以判断出购物袋里放入了什么商品、数量是多少。可以说最先进的图像识别技术成就了世界首个无人人工智能便利店。

不过，先进的图像识别技术并不是一朝一夕就能创造出来的。亚马逊最早在仓库出入库作业时就使用了这一技术。另外日本亚马逊网站的手机应用程序里添加了"商品检索"

功能，只要用手机拍下面前商品的照片，就能在商品销售页面中检索相关商品的信息。仅凭图像识别技术就把过去、现在、未来联结到了一起。

亚马逊人工智能无人便利店在西雅图开了一号店后，现在已经扩展到了美国各地以及欧洲地区，并于2020年来到日本。这无疑能在很大程度上解决发达国家劳动力人口日趋减少所带来的难题。

变负为正然后卖掉它

那么，对于企业来说，从根本上解决问题带来的最大效益是什么呢？答案就是能够将你获得的知识和经验转卖给他人。

亚马逊想通过亚马逊人工智能无人便利店卖掉的东西不是便利店中摆放的商品，而是亚马逊人工智能无人便利店这一创新型平台。除了解决人手不足的问题之外，亚马逊人工智能无人便利店还能帮助解决其他各种问题。例如，它可以防止或者减少偷盗现象。偷盗导致的营业额损失常常令超市和书店的经营者们头疼，而亚马逊人工智能无人便利店利用图像识别技术进行管理则可以减少这部分损失。除此之外，这一技术还能够帮助我们更具体地了解消费者的行为习惯。

通过图像识别技术可查看店头卖点广告[1]的效果，以此来分析是否对消费者的购买行为产生了影响。

自己负责设备开发，创建机制，然后再将它们作为一个平台卖掉。亚马逊正是秉持这种理念开展经营活动，取得了快速发展。

或许有人认为"解决问题"这个词比较消极，因为它给人一种从负到零的印象。

但是，我们要做到的"解决问题"的层次更高，是直接从负到正。我们直接面对问题，并从根本上解决它。那么，肯定会有很多人希望我们提供解决问题的方法。这样一来，在解决问题的过程中获得的知识经验便可以变成新的商品。

我们也可以学习亚马逊的经营理念，积极解决问题，做到将知识与经验卖给其他公司，并推动社会进步。要推动一块巨石，一开始肯定要耗费一些力气。但是，如果可以清除前进的障碍，便一定可以创造性地开拓出充满希望的未来。

---

[1] 卖点广告：英文简称为 POP（Point of Purchase）。指商业销售中的一种店头促销工具，以摆设在店头的展示物为主。——译者注

目 录

第1章

企业岗位职责是否明确?

"那个人休假，业务就停滞了。""工作方式改革之后，工作比以前还要辛苦。""新人总是培养不起来。""招不到优秀的人才。"……这些看起来似乎是个别的、具体的问题，但实际上之所以出现这些问题，很可能是因为缺乏岗位责任说明、业务分工不明确。在我看来，"岗位职责"或"职务权限"这种叫法比"业务分工"更合适。因此在本书中，我就采用"岗位职责"这一说法。

　　在亚马逊，所有的岗位都有明确的职责范围。关于这一点可以参考日本亚马逊网站中的招聘信息。例如，负责订货的部门，其职责为制作订货单发给供应商，与供应商进行交涉，管理货物交期。此处没有标注"开发新客户"，那就意味着这个岗位不需要承担开发新客户的职责。开发新客户的工作由其他岗位的员工来做。

　　经理与比其更高级别的高级经理，他们的岗位职责自然不一样。在亚马逊不存在有名无实的空头职位。

亚马逊希望每个员工都能得到成长和发展，因此绝对不会出现今年目标和去年相同的情况。正因为每个员工都在成长，所以企业才能不断发展。但是，员工的努力并不是盲目的，公司要求员工在自己的岗位职责范围内努力工作，不可超出范围，或者模糊范围界限而什么都做。在亚马逊，目标和岗位职责是非常明确的，但是怎样达成目标需要自己思考。公司用这种方式激励员工不断成长。

问题 01　工作过于依赖某个人怎么办？

"那个人休假，结果影响了整个业务进程。""不知道这个人在做什么，做到哪一步了，所以即使想要跟进也找不到头绪。"……这就是工作专属化带来的问题，很多企业都有这方面的烦恼。

工作专属化可能导致业务内容重叠。例如A小组和B小组都对同一家公司展开营销活动，或者销售员C和销售员D去拜访的是同一个客户。

这一问题的解决关键在于明确各自的职责范围。

如果一个人休假会给整个团队的工作带来影响，那么团队领导需要做好以下三点：

第一，掌握团队里每个成员的工作内容。

第二，对工作内容进行重新分配。

第三，提前做好预案：如果团队的某个成员休假的话，则由谁跟进、如何跟进。

这三点的重点可以归纳为把所有工作内容从人身上剥离，全部聚集在一起。具体做法如下。

第一，掌握团队里每个成员的工作内容。首先可以让团队的每一位成员将自己的工作内容总结之后交给自己，然后一对一地当面听他详细讲述工作内容。例如，如果写的是拜访A公司，那么可以详细问他具体的步骤。如果倒茶、倒垃圾、整理资料等没有写上去，则问他这些是否属于他的职责范围。

即使自己有相关的营销经验，也不要过于自信，武断地认为自己已经非常了解下属的工作内容。作为领导者，要以自己并不了解该工作内容的心态，详细询问具体的内容。

团队领导充分掌握团队动态，了解团队成员正在做什么工作，这一点很重要。要将所有工作内容从每个人身上剥离出来，全部聚集在一起。要实行工作内容整体可视化，从更高的角度审视整个工作，这样就可以摆脱专人专岗的局面。

第二，对工作内容进行重新分配。团队领导从整体上掌握工作情况后，就会发现有些人承担的工作量过大。如果一直不断地分配任务给某个人，那么再能干的员工也会丧失干劲，甚至可能会导致这样的员工辞职离开公司。团队领导应当将一部分工作分派给别的员工，减轻业务过多员工的负担。与此同时，还要明确所有团队成员的岗位职责。

第三，提前做好预案。应该先倾听团队成员的牢骚，例如"某个成员休假的时候，某项工作难以推进"。为了防止出现工作难以推进的情况，当某个团队成员休假时，要事先决定好他的工作由谁跟进、如何跟进，然后将分派结果通知到团队所有人。其他人对该工作的跟进很难完美替代原来的员工，但是起码能够做到不影响其他成员的工作。这里有一个方法，例如我休假时会让某位同事来进行这个工作，这种方法叫作"授权"（Delegation）。亚马逊非常重视工作中的授权行为。

在公司创业阶段，因为员工人数不多，所以为了保证公司的发展，一定要看到谁在做什么，业务一定要从头跟到尾。2018年年底，我拜访过西雅图的数家初创企业，员工们无一不是精力旺盛地长时间工作。在这一点上，日本的新兴企业完全无法与之相比。在公司发展的不同时期，需要有不同的工作方式，孰优孰劣很难判断。

只是很多工作专属化氛围浓厚的企业，尽管现在员工数量发生了很大变化，但是创业时期什么工作都做的习惯仍然保留了下来。典型的例子是，骨干员工吐槽年轻员工干劲不足，他们经常会告诉年轻人："我们年轻时候都是自己找活干，什么都做。"

如果按照目前专属化的工作方式，若是一切进展得顺利还好，但如果影响业务进展的话，团队领导就要打破某项工作对特定员工依赖的局面，在团队中重新分配工作内容，提前为应急场合做好预案。

当然，即使在团队内部重新分配工作内容，也有可能出现工作运转困难的情况。

出现这种情况主要因为资源（人力、物力、资金）不足，所以需要调配补充资源，而不是凭借一腔热血勉强操作。团队领导可以招揽新人（人力）、引进设备（物力）、寻求外界帮助（资金）。通过交涉，调配各种资源，保证业务顺利进行，这是团队领导的重要职责。

回答：工作内容全部可视化，并对其重新分配，事先做好应急场合的预案。

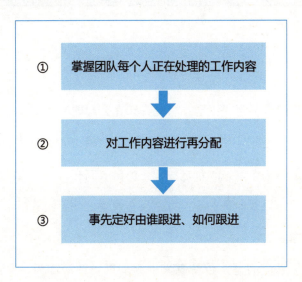

问题 02　工作方式改革之后该怎么做？

我经常听到员工说："允许待在公司的时间变少了，所以要把工作带回家做。""休息日也在用手机联系客户。"

虽然工作方式改革之后，更严格限制在公司加班的时间了，但是只要业务的操作方法没有改变，便无法从根本上解决问题。

更恐怖的是，传统意义上的加班正在演变为一种隐性加班。以前，加班就是留在公司工作，这种状态在某种程度上是可视化的，上司对于加班行为常常是能够把控的。一旦员工将工作带回家做，那么上司便完全无法了解谁做了些什么。这就是工作方式越改越差的典型例子。

我们要认识到，改革工作方式不等于减少加班。改革的初衷是让我们审视必要的工作内容是否得到优先处理，即审视每个人的工作是否是必须要做的，是否是在做无用功。

可做可不做的事情，不必去做；可以省略的过程，跳过去就好了。我们要找到最好的工作方法。工作时努力提出独到的见解，在上班时间内做完自己的工作，自由支配下班后的时间，这才是真正的改革。如果已经努力地思索各种创意，马上就要不堪重负了，这说明工作量过多。此时，只能通过调配资源（人力、物力、资金）来解决这一问题。

工作应该从哪里做起呢？我认为在第一阶段应该做的是明确岗位职责。我在前文中也叙述过，而该问题的解决方法与上个问题不同之处在于第三点，即需要彻底重新审视工作内容。

工作能力强的人，手中的工作量往往很多。认真又积极的员工愿意主动工作。团队领导首先要从整体上把握团队的工作内容。对于疲于工作的员工，应该为他减负，将可做可不做的事情从他的工作列表中删除。

尤其要注意的是那些需要耗费大量时间的工作。开会、拜访客户、制作企划书、处理经费等，不同岗位要做的工作也各不相同。从最花费时间的工作着手最有成效。想一下这项工作是不是非做不可，如果可以不做，那么果断放手就可以了。

亚马逊通过邮件列表进行信息共享。有一次，某项目已经告一段落，邮件列表也几乎没人看了，可是我的一位下属还在每天发送日报。他担心其他部门领导认为他在偷懒，所以要每天发送日报来证明自己在认真工作。我告诉他不用天天发，只需要在重要的时间节点发送就可以了。他按照我说的去做了，而他担心的问题并没有发生。

如果要将工作做下去的理由不是为了客户的利益，那么大多数情况下，这个工作并没有那么重要，即使不去做也没关系。

> 回答：掌握工作内容，并将工作内容重新分配，放弃耗费大量时间的工作。

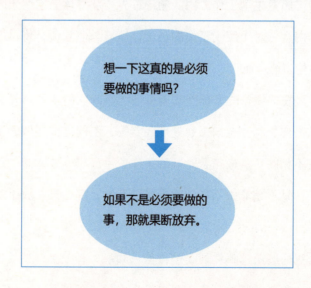

问题 03　抱怨手下的人没法培养的上司应该从哪里入手？

企业的中层管理人员经常向我发牢骚："下属总是问我接下来该怎么办，完全不能独当一面，真头疼！"

每当这时，我总会反问他：

"你清楚地告诉你的下属什么事情应该做到什么程度了吗？"

"你是否给你的下属一定的工作权限并清楚地告诉他了呢？"

"你告诉你的下属更高一级的职位需要什么样的经验和能力了吗？"

如果回答是没有的话，那么很遗憾，你的下属很难独当一面。而员工不能独当一面通常是由于岗位职责不明确导致的。

如果岗位职责明确的话，你就可以告知下属："你现在的职责是把这项工作在这个水准上做到这种程度。"你告诉他们这项工作的最终目标和截止日期，他们自然会采取行动。

授权也很重要。下属之所以总是询问接下来要干什么，是因为他们需要获得上司的认可。我认为要明确画出一条线来，例如："我希望你按照这3个步骤执行，在继续下一步之前，请先向我报告并确认下一个要点。""这一部分需要找我确认、向我报告，那一部分你可以做主处理。"

另外，要把职场的每一阶段都变得可视化。如果不知道如何做才能进入下一阶段，下属便无法找到努力的方向。

很多职场人士都在从球员角色晋升为教练角色时摔了跟头。大多数公司都为即将成为经理的员工提供为期数天的培训。有这样一句话，优秀的球员有时反而很难成为优秀的教练。这句话体现出"前球员"对于要求完全不同的角色表现出的困惑。

因此，虽然不能说就职前的职务培训完全没有意义，但是如果从普通员工时期就开始不断明确告知他要晋升为经理需要什么样的经验和能力，这种做法则更有成效。

如前文所述，亚马逊明确规定了所有职务的岗位职责，这意味着员工成长的每个阶段都是可视化的。这种做法有助于员工更清楚地了解晋升需要什么样的经验和能力。也有人通过岗位职责发现自己更适合其他部门的工作，因此会提出调动申请。

回到新人培养不起来这个问题。我认为上司不应该总想着要手把手地将下属培养出来,而是应该创造出有利于下属成长的环境,使下属在这种环境中快速成长起来。而创造出这种环境最重要的就是明确岗位职责。

> 回答:不是手把手地传授技能,而是创造适当的职场环境,让下属快速成长。

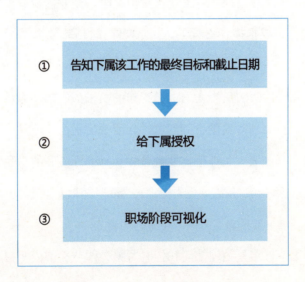

① 告知下属该工作的最终目标和截止日期

② 给下属授权

③ 职场阶段可视化

企业在招人时会有各种烦恼,例如他们经常抱怨"我们急缺人,但是总是招不到优秀的人才""我们急缺人,但是他们都不愿意过来"。出现这种情况时,企业需要反思:自己究竟想要招揽什么样的人才?自己的招聘要求是否不够明确?

我经常听到负责人力资源工作的员工抱怨招不到优秀的人才。每到那时我就会问他:"你所说的优秀人才具体指的是什么样的人呢?他们需要具备什么样的经验和能力呢?"之所以这样问,是因为优秀的定义会随时随地发生变化。

亚马逊雇用员工时始终重视两件事。

第一件事是招聘部门和招聘对象,即什么部门要招聘什么人才以及对招聘对象有什么要求。以我多年任职的运营部门为例,运营经理和高级运营经理的聘用标准大不相同。这是因为前者是负责一个部门的主管,而后者是负责多个部门的主管。亚马逊有一个适用于所有岗位的通用聘用理由。这个理由直接而简单，那就是我们选择他是因为他掌握了我们急需的技能。在亚马逊绝对不存在条件模糊不清的招聘。

第二件事是他是否具备领导能力。亚马逊在领导力准则（OLP, Our Leadership Principles）中对员工的领导能力提出了14点要求。亚马逊的员工自称为亚马逊人。无论任何职务或岗位，亚马逊要求全体亚马逊人都应具备一定的领导能力。

综上所述，①看工作经验和工作能力，判断是否符合招聘部门的条件；②看领导能力，判断是否符合亚马逊的要求。

对于那些苦于招不到优秀人才的企业，我建议首先在企业内部将上述内容具体落实好，然后将①明确写到聘用条件中。在面试时，同时从①和②两方面进行考查。

有的人或许会担心，招聘条件写得过于详细会阻碍应聘者投递简历。其实并非如此，如果此类信息含糊不清，应聘者便无法判断自己是否是企业所需人才，不知道是否应该投递简历。这反而不利于企业招揽人才。

所有人都希望自己的经验和能力得到充分发挥。既然这样，为什么我们不丢掉"谁都可以"这种模糊词句，改用

"诚邀具备某种技能的人才"这种充满诚意的言辞呢？这样做的话，企业肯定能招到适合自己的人才。

> 回答：明确"优秀"的具体条件，写一则充满诚意的招聘广告。

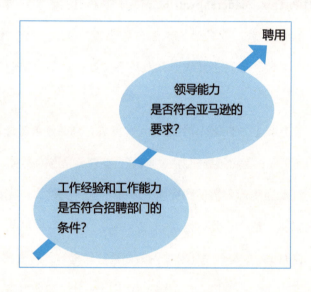

[专栏 01] 亚马逊的招聘面试

经理是企业的中坚力量。亚马逊的招聘面试分为两轮，在面试经理职位的过程中，第2轮面试体现出鲜明的亚马逊特色。面试时，包括其他部门的经理级别人士在内，组成最多5人的面试官团体。面试者将与他们进行一对一交流，时间为40~45分钟。面试如果1天结束不了，就进行2到3天。第2轮面试之后，第1轮和第2轮面试的面试官全部集合在一起开会。如果所有面试官都投赞成票，那么该面试者将被成功聘用。面试时，面试官们将考查应聘人员是否满足领导力准则的要求。面试不限学历，面试官只简单询问一下应聘人员之前的工作经历。

亚马逊招聘的最大特点是在第2轮面试的面试官中，一定有一个"抬杆者"（Bar raiser）。如字面意思所示，"抬杆者"指的是在跳高时一次次将杆调高的人。"抬杆者"会在更高的高度上考查应聘人员，看他的加入是否有助于亚马逊的发展。"抬杆者"在面试过程中的权限要高于其他面试官。

第2章

企业是否设定了量化指标?

　　不理解工作的意义所在、不清楚到底要做什么、想不出好的创意、总是被上司挑剔工作问题……以上是职场人士经常遇到的问题。我认为这一切都是因为没有设立量化指标的缘故。

　　亚马逊有一套量化指标管理系统，所有工作都通过这一系统进行量化管理。这种量化指标就是所谓的关键绩效指标（KPI，Key Performance Indicator）。整个亚马逊的指标是一个巨大的数字，这个数字被逐步分解，最终变成一个个较小的、具体的数字。例如，在今天的某个时间点，某个仓库要达到的指标数值。这种方式使企业管理更彻底、更高效。换句话说，只要是亚马逊的员工，无论他在哪个国家的哪个部门工作，都可以通过具体数字了解到本周的任务，也可以通过数字掌握上周的工作完成情况。

　　量化指标是亚马逊成长发展的强大原动力。

首先，亚马逊已经明确要达到什么目标才能帮助公司发展。这样一来，员工不用担心工作没有目标。在目标任务确定了的情况下，他们可以自由安排工作的优先等级。如果每个人都向既定目标努力前进，公司也会不断发展。

既定目标与当前状况之间的差距，使用数字对比的话便能够一目了然。PDCA循环[计划（Plan）→执行（Do）→检查（Check）→行动（Action）]便可以实现良性运转。而努力达成目标的责任感也会促使员工想出好的创意。

在量化指标的指导下，上下级之间的交流情况也会得到改善。上下级谈话时，讨论的重点就会放到是否实现了目标以及怎样实现目标上，自然就不会出现含糊不清的指令和语言攻击了。

有些人可能认为数字没有人情味、很冷漠，但实际上这是一种很公平的管理方法。

问题 05　经常感到工作没有意义怎么办？

我在以前的书中经常提到，所有行业的业务都可以用函数 $Y=F(x)$ 来解释。Y 表示较高级别的关键目标指标（KGI，Key Goal Indicator）（例如：销售额），x 表示较低级别的关键绩效指标（例如：影响销售的因素）。将例子中给出的要素代入公式，则表示为销售额=F（影响销售额的因素）。

x 包括许多因素，例如客户数量、产品单价、采购成本、人工成本、设备成本、广告成本等，所有这些因素都会影响 Y，即销售额。

换句话说，企业要达到年度销售目标（Y），其实过程很简单。那就是：

（1）要达成销售目标，就要将量化指标（x）分派给所有部门。

（2）所有部门均完成量化指标（x）。

不论任何部门或职位，公司所有员工的所有行为均为 x，x

的总和构成Y，没有一个人可以置身事外。

上文的函数解析会招致两种声音。

一种是"公司整体能达到量化指标的话，是不是我不达标也可以？这样我就可以不用那么辛苦了"。如果大家都这样想，那么达成目标只能靠奇迹了。换句话说，A、B、C三个部门没能完成量化指标，但是D部门超额完成指标。作为公司整体，因为D部门的贡献，所以达成了总体目标。虽然公司整体达标了，但是这只是一种侥幸和巧合，而且这种巧合不会总出现。尽管如此，仍然有不少企业因为以前曾经出现过这种巧合，所以希望奇迹再次降临。而曾经创造出惊人业绩，带领企业整体达到既定目标的部门，被期待着再次创造奇迹。这会使他们变得不堪重负，筋疲力尽。这种情况下，比起依靠某个部门的业绩来完成整体指标，为什么不分解指标让全体人员都来承担相应的责任，大家共同努力来完成它呢？这样做的话，完成指标要容易得多，成功概率也更高。

还有一种声音是，"只有销售和市场部门需要量化指标。人力资源、后勤和会计等非生产部门和管理部门无法设置量化指标"。这其实是一个严重的误解。亚马逊为人力资源、后勤和会计部门都设置了量化指标。

人力资源部门可以设置各种量化指标。例如，通过积极调解、修复人际关系，使目前的离职率降低10%；对于各种咨询的回答时间，比现在缩短一天或更长时间；对于人力资源部门安排的研修课程，使参加人数比例提高20%等。

在亚马逊就职时，我曾经要求人力资源部门想办法减少体检所需时间。当时他们安排的体检医院距离公司很远，每次体检都要浪费一天的时间。所以我建议在不影响检查质量的前提下选择附近的医院。人力资源部门根据我的建议做了相应调整，为数千名员工（当时的数字）节省了工作时间。

不过，在设定量化指标时要注意，不是任何工作都可以换算成数字形式的。

我在前文中说过，亚马逊所有的工作都通过量化指标系统来进行数字化管理，量化指标也就是关键绩效指标。简单说来，如果某个指标对于实现企业发展目标非常重要，那么就将这个指标转化为数字进行重点管理。在我常年工作的运营部门，入库数量和出库数量是重要的指标。亚马逊每个部门的重要指标有2~3个，有时会根据季节、年度、部门发展情况而做出调整。

这样做有利于形成一种将目标量化的企业氛围。这样一来，没有目标、为工作而工作的情况将大大减少。一旦确定了前进的方向，员工便可以毫不犹豫地向前迈进。他们很快就能判断手上的工作有没有价值，当前的工作方法是否有效，不会因为工作没有意义而烦恼了。

如果你是一位经理或主管，并且认可我的观点的话，可以马上着手分解量化指标，将分解后的目标以数字形式分派给所有部门。

有人可能会说，我是中层经理，我的职位很难去设定量化指标。其实事实并非如此。你的公司肯定会设定年度销售目标。你可以根据该数字暂时设置部门和团队的目标。公司会希望你的部门实现多少销售额或者降低多少成本？要满足以上要求，关键指标是什么？为了达成目标，部门每月和每周应完成多少任务？经理暂时设置好以上量化指标，将相关指标告知你的同事，最后落实到部门和团队的行动中。

量化指标要切实可行、简单明确，这样才能激起员工的干劲。数字并不枯燥，它可以成为激发员工潜能的工具。

回答：用数字的形式设定一个明确的目标，尽一切努力实现该目标。

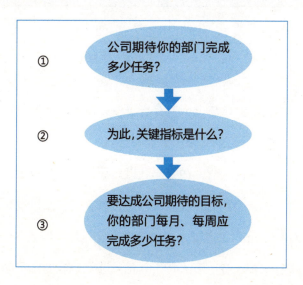

问题 06 如何改善得过且过的工作氛围？

虽然这个主题与上一节有点类似，但是我认为现在这种企业非常多，所以特地拿出来说一下。

就职亚马逊之前，1994年我以应届毕业生身份加入了世嘉集团。进入公司后，我的工作是负责家用游戏机世嘉土星（SEGA Saturn）的游戏软件的订购和交付期管理。整个日本的所有订单都由我一个人负责。虽然公司给我安排了助手，但是负责订货工作的只有我自己。每个月的订货量不管是几百件还是几千件，都只能由我一个人来完成。

当然，我想了各种办法减轻工作压力。例如，填写采购单，用夹子夹住放在托盘上，并在托盘上放一个牌子，上面写着"请采购"。我想了各种办法使工作流程尽可能地简单流畅。即便如此，我每天还是很忙。在这种情况下，上司能看到下属在干什么吗？他不能，他只知道下属在忙着工作，却无法了解下属的工作情况和工作效率。上司即使知道采购订单交付期延迟了，却无法判断出多少订单延迟以及延迟了多长时间。

为什么会出现这种情况呢？我认为这是因为没有设置量化指标。上司只是指定了某项业务的负责人，之后就放手不管了。他没有告诉下属本周的任务是将什么工作做到什么程度。如果需要加班，那就说明工作太多了，必须想办法减少工作量。

在当时的日本公司中，世嘉集团是一家管理理念相当先进的公司。但是，即使是世嘉集团，对量化指标的理解也非常有限，无法很好地将其应用于工作中。后来，我幸运地加入了亚马逊。通过比较，我发现原来当时自己之所以那么忙是因为没有设定量化指标。然而，即使在今天，仍然有很多人像当时的我那样采用了错误的工作方法，认为既然负责这部分工作就要一个人把工作做到底。

如果你是中层管理人员，那么克服这个问题的唯一方法就是从设定量化指标开始做起。具体过程如下。

①根据公司的整体目标设置部门或团队的量化指标。②告诉你的上司，如果自己的团队达成了这个目标，希望上司可以给予褒奖。③认真完成量化指标，然后收工回家。④如果想尽办法也无法完成量化指标，则表明资源投入不足，此时要针对资源投入问题请示上司，告知需要投入多少

资源才能够达到量化指标。

我认为这样做既可以保护自己，同时也可以保护下属。

在以前，人们认可那些熬夜加班、休息日还去公司上班的人，认为他们才是努力工作的典范。而如今，这样的时代即将结束。如果管理方式不顺势而变，那么公司也就没有未来可言。中层管理者要敢于发言，勇于向公司提出自己的意见，同时要有卓越的执行力，将公司战略转化为成果和效益。

回答：用数字的形式确定目标，保护自己和工作伙伴。

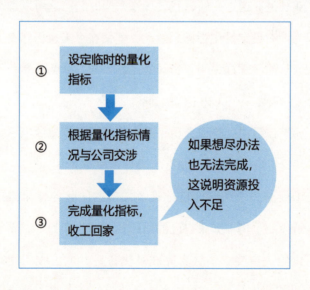

常有人问我："下属总是犯相同的错误，我明明很严肃地提醒他了，但是他还是没有任何改变，这种情况应该怎么办呢？"此时，我会反问他："你为下属设定量化指标了吗？"

商务人士都知道PDCA循环非常重要，亚马逊更是深知这一点。因此它通过完整的PDCA循环不断改进管理举措。如果有人问我："亚马逊拥有什么样的特殊机制？"那么我会回答："亚马逊没有什么特殊机制，只是做事认真且彻底。"然而这种回答并没有迎合对方的期待，往往令他们很扫兴。但这却是事实，除此之外没有其他答案了。

亚马逊做事情的彻底程度（完成度）与其他公司不同，要说特殊机制或许指的就是这一点吧。亚马逊的任何部门都能够彻底地执行PDCA循环。他们是怎么做到的呢？这得益于在关键绩效指标机制下，所有部门的量化指标非常明确，而且公司给每个部门都设定了更高的绩效指标。

零售部门、服务部门、运营部门、公共关系、人力资源、法务部门等，所有部门都设定了量化指标。由于量化指标很明确，所以员工可以一目了然地发现目标与当前状况之间的差距，并努力想办法来弥补差距。

举一个简单易懂的例子，假设一个仓库去年同期的出库目标为100万件，今年目标数量增加到了110万件。那么，采用和去年相同的做法恐怕无法实现增加10万件的目标，这时就需要想出办法来实现新的目标。这种方式可以改善仓库的经营管理状况。值得注意的是，在设定量化指标时要务实，确保该指标通过努力肯定能实现。

具体做法如下。

（1）所有部门都要设定量化指标（计划）。

（2）采取行动并认识到量化指标与当前现状之间的差距（执行、检查）。

（3）想办法缩小现状与目标之间的差距并付诸行动（行动）。

可能有人会说，这些内容人尽皆知，为什么还要写出来。但是我要说的是，知道是一回事，能不能做好又是另一回事了。据我所知，一大半日本企业并无法做到上述的第1点，即无法将设定的量化指标传达给所有部门的员工，只有管理人员知道目标数字，而普通员工却不知道，这样便与制定量化指标的初衷背道而驰了。

另外，人们不习惯采取改进措施去改善现状。他们虽然能够认识到目标与现状之间的差距，却止步于此，不去思考该如何采取下一步的改进措施。亚马逊非常重视一种被称为"留评"（Review）的评价机制，它相当于PDCA循环中的"检查"。每个部门每周都会制定量化指标，在一周结束时进行评估，并研究如何改进问题点才能顺利将业务发展到下一阶段。这相当于PDCA循环中的"行动"。圣诞季是亚马逊最为繁忙的时期，新年一过，员工们就要总结上一个圣诞季中出现的问题，并想出改善举措，为11个月之后的下个圣诞季做准备。

设定量化指标、制定具体的改善措施，可以防止同一错误再次出现，提高工作效率。

回答：所有部门都要定期制定量化指标，并思考改善措施。

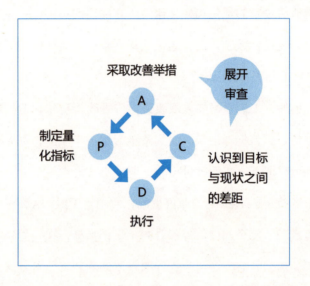

　　职场中有这样的烦恼，上司训斥下属总是做不好工作，下属抱怨上司总是训斥自己，却不告诉自己应该怎么做。我把这些统称为"挑刺文化"。

　　为什么会出现这种情况？我认为这与没有设定量化指标或者即使设定了量化指标却没有通知所有员工有关。

　　举个例子，某一天上司突然训斥下属："为什么你工作得如此低效？"如果这句话的背景是上司已经告知下属需要在今天下午三点之前做好企划书，并且做好后再用十分钟时间检查企划书内容，如果需要修改，则须在一个小时以内修改好，下午四点之前把改好的企划书打印五份。然而到了四点下属还没有把企划书拿来。这时上司便认为下属工作不力，然后说出"为什么你工作得如此低效"这句话，这也是可以理解的。但是如果上司告诉下属"今天之内做好企划书，拿来给我看"，在这种情况下，针对上司的训斥，下属就会抱怨"明明说的是今天之内做完就可以了……"所以说，用具体数字来描述目标（上司要求的程度）和截止时间，并且通知下属，做到上司和下属共享信息非常重要。

从上面的例子可以看出，职场上经常出现上司知道工作目标而下属却不知道的情况。上司正因为知道目标，所以对于现实与目标的差距总是感到焦虑，而下属却对目标一无所知，只按照自己的节奏做事。结果，上司和下属之间就会产生摩擦。信息的不对称反映出上司潜意识中存在着将信息与职位等级挂钩的思想。比如他会认为这个信息只有部门经理级别的人才知道，那个信息只有科长才了解。

亚马逊人从来不这么想。他们认为信息与职位等级无关。除了事关公司股价的某些特殊信息之外，只要与业务有关的信息，亚马逊都通过邮件列表通知给所有相关人员。

亚马逊首席执行官杰夫·贝佐斯经常说的一句话是：在亚马逊中，关注为什么不去做和关注为什么去做同样重要。我认为这种思维方式可以在很大程度上消除"挑刺文化"。上司有义务向下属解释为什么不做这件事、为什么没做好。所以，在亚马逊中不存在没有理由的挑刺。对于上司来说，下属没做好的那部分不过只是目标与现状的差距，不能因此

否定下属的能力甚至讽刺下属的人格。下属没有完成目标，
其实是管理他们的上司没有尽责。上司这一角色是需要全力
支持下属并帮助他取得成功的，而绝不是武断地否定和责难
下属。

　　所有部门都要设立一个考查工作完成情况的共通量化指
标，并且通知所有员工。这样一来，工作中的评价纠纷、人
格攻击等问题就会迎刃而解了。上司和下属的工作效率也可
以得到极大提高。

> 回答：设定共通的量化指标来考查工作完成情况，并将这一
> 量化指标告知所有员工。

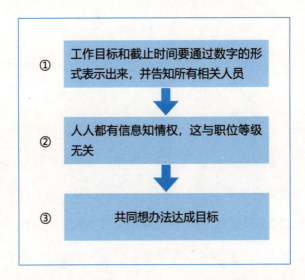

问题 09 职场中想不出创意或者没有尝试的机会怎么办？

想不出新的创意，或者即使有了独特的想法也没有机会实现它。这些都是许多企业面临的难题。在本节内容中，我想分别说一下想不出创意和没有机会将想法付诸实践这两个问题。

首先看一下想不出新创意的问题。它的解决法宝之一就是所有部门都设定量化指标。

本章中我已经多次强调，只有所有部门都设定量化指标并做到全员共享信息，员工才能意识到目标与现状之间的差距。只有将差距可视化，员工才会想办法缩短差距。

在一帆风顺的环境中很难产生好的创意，差距是创意的催化剂。将差距告知员工，让大家想办法解决问题，这时每个人都会认真思考，这样自然会想出好的点子。不要让某一个人负责创意，而是要创造出一个有利于诞生创意的工作环境。

这里有一个重要前提，那就是创意一定是基于一个良好的理念。如果说缩短目标与现状之间差距是为了增加公司总裁的财富，那么员工是否还愿意去想、去做呢？亚马逊的企业理念可以归结为一句话，那就是提高用户满意度，关于这一点我会在后文详细解释（参考第3章、第4章）。员工在努力靠近目标的过程中会不断提醒自己，这样做可以提高用户满意度吗？例如，假设员工想出了一个好点子，可以大幅度削减出货成本。但是如果这个想法被实施，物品的运输时间就会延长，商品到达用户手里的时间比现在要晚。这种情况下，亚马逊绝对不会采纳这个想法。

当看到目标与当前状况之间的差距时，每个人都在思考有没有办法能让用户更满意。这就是为什么亚马逊每个部门都能提出好创意的关键所在。

接下来看一下没有机会把想法付诸实践的问题。

亚马逊的管理层奉行一条原则，叫作"七年原则"。它的意思是一旦开启一项新项目，亚马逊会给这个项目七年的成长时间。亚马逊是一家具有长远眼光的企业，这一基本原则（尽管有的业务并不适用于这一原则）的最主要目的就是不剥夺员工挑战自己、提出创意的机会。如果业务进展不顺利就马上退出的话，就永远无法想出巧妙的创意。

亚马逊用七年时间检验一项项目的成败，这并非一件易事。开启一项新项目时，我们可以从小规模、低预算做起，不要急于对项目成败下结论，给它更长时间的成长期，让员工有时间想出好的创意。

> 回答：在良好理念的指导下，努力缩短目标和现状之间的差距，这样做的过程中自然而然能想出好的创意。

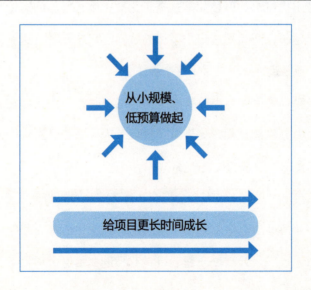

问题10 如何消除"不达标，我也没办法"的气氛？

如果出现"不达标，我也没办法"这种气氛在企业中蔓延的情况，领导者则需要检查是否做到了以下几点。

首先是在本章中反复提及的是否所有部门都设定了量化指标，指标信息是否做到全员共享。

有的人认为工作目标就是自己的工作要负责到底。但是事实上，"负责任做好""尽全力做好"这种表达方式过于模糊不清，算不上真正的工作目标。

接下来要思考的是量化指标是否有可能达成？

假如，去年同期拼尽全力达成了某销售业绩。现在，在员工数量相同、营销方法相同的前提下，要求员工将本月销售业绩提高50%，员工肯定会表示做不到。这种不合理的要求会给员工带来一种不达标也无所谓的错误感觉。与其提出"业绩提高50%"这种完全无法做到的、虚无缥缈的要求，还不如改成"业绩提高10%"，让员工明白只要努力就有可能达成目标。这种方式可以不断培养员工的自我效能感[1]，最终达到预期效果。

其次是要确认是否做到了在短时间内跟进员工工作，不断和员工确认目标和现状之间的差距。这是告诉下属一定要完成目标的最强烈信号。

职场上经常出现的一幕是，上司告诉下属本月的目标，说完之后将工作全盘交给了下属，上司从不关注工作进度，却在一个月后检查下属的完成情况。届时若是发现下属没有完成任务，便会严厉斥责下属。只是那时为时已晚，无论做什么都于事无补了。

如果希望下属无论如何都要达成该目标，上司就需要经常检查下属的工作进展情况。亚马逊的量化指标管理基本上是以周为单位来进行的。在一些部门，例如仓库，量化指标管理的间隔时间更短，它们以小时为单位来进行。间隔时间的长短由每个部门的特点来决定。上司检查下属工作进展的频率反映出完成任务的重要程度。

---

[1] 自我效能感：由班杜拉提出，指个体对自己是否有能力完成某一行为所进行的推测与判断。——译者注

在频繁跟进之时,上司要注意几点:第一,只需要确认目标和现状之间的差距即可。例如,只要知道现在完成了80%就可以了。由于下属本人也明白这一点,所以上司不用特地提醒下属还有20%没做。第二,要经常告诉下属,完成目标需要什么支援,尽管提出来,如果下属提出要求,上司一定要想办法满足。这样做可以进一步增强上下级之间的信任关系。第三,使全体员工都要认识到,如果每个人都止步不前,满足于维持现状的话,公司反而难以维持现状。

美国的初创企业非常拼命,他们会牺牲休息时间来工作。现在美国企业在亚洲市场大肆攻城略地。在这种情况下,日本企业怎样才能突出重围,保持今日的地位呢?我认为一定要在创新上苦下功夫。

百年老店虽然标榜永远不变的口味,事实上随着顾客口味的变化他们也在努力求变。为了维持现状而不做出改变的话,很快便会被时代淘汰。设立一个共同的目标,竭尽全力完成它,这是迈向成功的第一步。这样做,公司的氛围会发生真真切切的变化。你可以从自己能够掌控的范围内逐渐地做起来。

回答：上司首先设定一个可能达成的目标，并经常跟进工作进度，让下属明白上司非常在意这个项目。

①	绩效指标是否全员共享？
②	目标是否切合实际？
③	是否经常跟进下属工作，确认目标与现状之间的差距？
④	要意识到不努力工作，公司无法维持现状

　　以我长期任职的亚马逊日本分公司运营部为例，某项工作告一段落之后，下一阶段的量化指标由美国总部运营部和日本分公司运营部的财务团队研究确定。经理级的管理人员也会参与其中，给出一些参考意见。

　　日本分公司将量化指标报请美国总部批准。美国总部对此审查非常严格，即使我们提出的是较高的量化指标，也难以一次性通过。对方经常会将我们的提案驳回，并追问道："没有更省钱的方法吗？""能不能在不增加预算的前提下做出来？"例如，我们提出"打算在仓库引进新的设备，所以需要2亿日元的设备投资"，此时美方会说"不行，最多给你1亿日元"，或者提出"能不能把设备投资控制在1.5亿日元以内"，或者询问"设备投资2亿日元的话，能不能在其他地方节约出这笔费用来"。总之，他们会给出各种意见，经过各种交涉最终才能达成一致。这样一来，我们与美国总部的谈判往往会持续数月之久。

第3章

企业经营理念与工作目标是否明确?

　　大半天的时间都浪费在开会上了，然而会议却没有得出任何结论，工作仍然无法推进；新领导带来了新规定，新旧规定之间缺乏过渡；很多员工对公司没有归属感，只顾个人表现；为了自己公司谋利，不惜损害合作伙伴的利益……这些问题的出现，原因大都可以归结为公司的经营理念和工作目标不明确，或者没有将经营理念和工作目标告知所有员工。

　　自成立以来，亚马逊一直秉持"全球使命"的经营理念，由此派生出"合算、愉悦的客户体验"和"备货品种丰富，配送和支付方式具有多样性"这两个指标。亚马逊的员工致力于将亚马逊打造成以客户利益为中心、产品种类最丰富的公司。

　　亚马逊还有一个名为"良性循环"（Virtuous Cycle）的商业模式。杰夫·贝佐斯和投资人一起吃饭时，投资人问他亚马逊的商业模式是什么，他在餐巾上画了一幅图，向投资人解释了包括"全球使命"在内的业务框架。

我认为亚马逊之所以如此强大，秘诀就是把经营理念和工作目标用简明扼要的语言概括出来。全体员工都朝着一个方向努力，工作中就不会出现做无用功的现象了。

问题 11   开会究竟是为了什么?

　　无效会议带来的损失很容易计算。将与会者的年收入换算成小时工资后合计即可。我们粗略计算一下年收入为500万日元的人的小时工资。假设他每年工作250天,一天工作8个小时,可以算出他每小时的工资为2500日元。如果有10个年收入为500万日元的人开了3个小时会议,而会议又没有得出任何结论,那么仅此一项就将造成75000日元的损失。如果这种无效会议无休止地继续开下去,公司肯定无法盈利。

　　亚马逊从来没有这种无效会议,因为他们始终秉持以客户利益为中心的经营理念。

　　创业之初,亚马逊美国总部开会时,总会有一席空位。这是为虚拟客户(Air Customer)准备的。这种做法的目的是让与会人员思考我们今天会议得出的结论是消费者乐意看到的吗?他会愿意为此买单吗?如果会议内容只是一份数字报告，那么虚拟客户肯定会不满，他会说："数字报告发封电子邮件就可以了，哪里用得着特地开会？这次会议产生的人工成本肯定附加在商品和服务中，而最终则是由我们消费者买单，太令人讨厌了。"除了这种会议之外，还有调整部门之间利益关系的会议以及因为领导不在场而需要带回去讨论的无法得出结论的会议都属于无效会议。

现在，以客户利益为中心的经营理念已经渗透至整个公司，美国总部的会议中已经不再设有虚拟客户的位置了。不过从客户的立场审视我们现在的工作仍然非常有意义。想象一下，客户看到我们的工作状态会怎么想？他们是否愿意为我们的决定买单？这样做可以使员工的工作目标更加清晰，在最大程度上避免无效会议带来的损失。

那么，如何做才能减少无效会议呢？我认为做到以下三点很重要。

①明确会议的目的。②明确会议组织者和与会者的作用。③创建良好的环境，确保会议按时结束。

关于①明确会议的目的一项，在亚马逊，员工开会时会预想会议结束后各自的工作状态。如果会议内容是议定某个项目中的某些要点，那么这次会议的目的就是让每位与会者在会议结束后都能按照会议要求进入新的工作状态。

公司里的会议大致分为四种，分别是信息共享会、对策讨论会、创意碰头会和决策会。其中，亚马逊不会召开信息共享会。因为通过邮件列表完全可以实现信息共享，没有必要把所有人召集到一起开会。

关于②明确会议组织者和与会者的作用一项，在亚马逊，项目负责人基本上就是会议组织者。会议的组织者是最了解会议目的的人，他知道为什么召开会议，会议之后如何做才能推进项目。

会议组织者可以通过电子邮件直接通知希望可以参会的人。例如，要开会商定某个重要事项，那么只需通知对这一事项有发言权的人即可。如果被通知对象认为自己对这次议题无法发挥任何作用，那么则需要告知组织者自己不参加会议并说明理由。如果有事无法参加会议，可以授权他人代为参加。在决策会上，如果让别人代替自己，亚马逊会有一套授予表决权的流程，所以会议不会因为某个人的缺席而搁浅。如果是日本企业，下属代替上司开会时，有时会出现因为下属没有表决权所以需要将提案带回去请示上司的情况。

对于绝大多数的会议来说，无论内容是什么，核心与会者最多五六个人就足够了。在亚马逊，几乎所有的会议都只有五六个人参加。

关于③创建良好的环境，确保会议按时结束一项。为了创建良好的环境，确保会议按时结束，会议组织者会通过内部系统提前将议题告知与会者。会议主持人（多为会议组织者）在会议开始时重申本次会议的目的。在某些情况下，组织者还会在白板上写下来，确保所有与会者都能看到。

此外，因为亚马逊内部普遍都能意识到重要的是通过会议实现既定目标，而不是开会本身，所以大家都希望会议时间越短越好。本来预估时长为1个小时左右的会议，如果30分钟就达到了会议目的，那么就会散会。这种现象在亚马逊很常见。

会议必不可少，但是大多数会议都乏味且无效，这是令很多企业困扰多年的问题。如果能够解决好，企业将会走得更远。

回答:让虚拟客户参会,会议内容要令他满意,使他愿意为此买单。

虚拟客户

虚拟客户是否满意本次会议?他愿意为此买单吗?

问题12　如何应对更换领导带来的职场问题？

很多职场人士都有"新领导新规定"的烦恼。

当然，每个人的表达方式不一样，职业经历也独一无二。但是如果前任领导要求下属从早到晚拼命工作，把市场份额从竞争对手那里夺过来，而现任领导却主张工作尽力而为，要重视自己的私人时间。这两种截然不同的工作方式一定会让下属无所适从。有的领导"新官上任三把火"，完全否定前任领导的工作方法，借此彰显自己的与众不同。然而，这样的做法只会带来各种职场矛盾。

我认为出现以上问题是由于企业对领导这一角色定义不明确所致。

在亚马逊工作时，我深切感受到领导的角色是非常明确的。上司就是要支持下属，帮助他取得成功。下属对工作的熟练程度不同、项目进展情况不同、出现的问题不同需要的支援也不相同。但是无论如何，下属才是工作的主角，上司的价值观和成功经验并不起主导作用。如果上司能够认清这一点，下属便不会因为"新领导新规定"而无所适从了。

我曾经的工作是统管日本的仓库，手下有数名经理。就职之前，上司问我："高级经理的职责是什么？"我不知道怎样回答。上司告诉我："是制定管理指标。"简单地说，如果把整个公司的量化指标比喻成一大块肉，那么各个部门如何做才能把它变成可以一口吃下去的小块肉呢？这就是亚马逊对高级经理的工作要求。除了通过岗位职责（详见第1章）明确各个职位的工作内容之外，亚马逊甚至还规定了每个职位的工作立场和工作重点。所以即使换了领导，职场环境也不会发生大的变化。

我想谈一下制定管理指标的问题。

日本企业常以成果超出预期为荣，有的公司会打出"业绩超出预期20%"的标语。亚马逊公司不会这样做。因为公司要求制定出来的管理指标必须非常具有挑战性，但是通过努力也是可以完成100%的。如果这个指标很容易实现并被超额完成20%，那么说明这一指标过低，应该在第二年制订更严格的预算计划。

制定管理指标的人像优秀的教练员，能够让运动员进行有效练习。他们很清楚运动员（职员）的实力，能够在适当的位置画上终点线，运动员（职员）只有拼尽全力冲刺才能刚好够到那条线。他们必须同时考虑到市场变化，及时调整应对之策，认真研究终点线的最佳位置。预算一定要确保能够达成100%，否则便无法得到团队成员的信任。

> 回答：下属才是主角，上司的价值观和成功经验并不起主导作用。

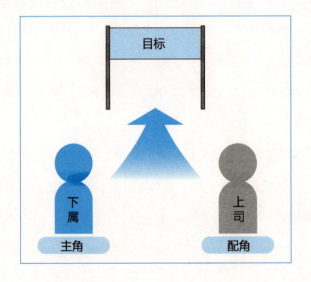

　　对公司的理念、经营战略和愿景心生不满的现象在职场中屡见不鲜。员工或者不明白公司的经营理念和经营战略，无法对公司产生归属感；或者不知道公司的愿景是什么，为公司的未来担忧；或者抱怨公司只是空喊"顾客第一"的口号，并没有拿出实际行动……

　　公司的经营理念、经营战略和愿景都是管理层制定的，普通员工无法制定和改变它们。

　　但是员工可以做的事情还有很多。

　　首先，要理解和领会公司的创业理念和创业故事。任何公司都是从零开始的。员工可以询问老员工，或者查资料寻找公司的创业故事。例如创业契机是什么？公司是怎样得到大家支持并发展起来的？什么样的价值观是公司持续倡导的？今后还会一直坚持下去的事情是什么？必须加以改变的是什么？等等。没有经营理念和愿景也得不到顾客支持的公司是无法经营下去的。

其次，部门和团队要制定专属工作理念。

亚马逊有团队专属的工作理念。美国总部的领导层明文规定了亚马逊的领导者理念，下属各个部门也都会制定部门专属的工作理念。工作理念最初是由美国总部提出，一开始是总部的客服部门制定了客服理念，杰夫·贝佐斯看到后大加赞赏，建议所有部门都设立自己部门的专属理念。虽然这项工作最终没有推广到全体部门，但是从2013年起，亚马逊员工中开始流行在项目开工时制定工作理念。

客服部门的工作理念以文字的形式规定了自己的工作准则，具体内容包括以下五点：

第一，为客户答疑解惑。

第二，帮助客户减轻负担。

第三，友好对待所有客户。

第四，设立问题申报机制。

第五，为客户解决问题。

尝试着自己制作这样的工作理念吧。如果部门和团队制定了专属理念，员工一定不会再抱怨了。

回答：从公司的创业故事中寻找经营理念和愿景。如果没有，那就创作自己的专属工作理念。

①	理解和领会公司的创业理念和创业故事
②	制定部门和团队的专属工作理念

问题14　自己获益却导致合作伙伴利益受损怎么办？

　　亚马逊首席执行官杰夫·贝佐斯在各种场合都表示过，自己的成功无须建立在别人的失败上，同一行业内的竞争对手不是此消彼长的关系。此处的"别人"指的是合作方、供应商（外部供应商）、公司其他员工等所有与亚马逊相关的企业或人士。自己的成功不应该损害别人的利益，这一认知已经被亚马逊人广泛接受。

　　2000年亚马逊进军日本市场时，被日本人称为"黑船❶"，很多人都对亚马逊抱有偏见，把它看作是贪得无厌的秩序破坏者。尽管这种刻板印象现在已经消除大半，但仍有不少人认为亚马逊是通过损害他人利益的方式获利的。其实这是一个很大的误解。

---

❶　黑船：原指幕府末期来到日本的美国舰队，现指外来的、颠覆传统的事物。——译者注

既然亚马逊并不通过损害他人获益，那么可以说亚马逊对合作方、供应商、员工是友好的吗？答案是否定的，亚马逊对合作方、供应商、员工非常严格。因为亚马逊认为，包括合作方、供应商和员工在内，所有人要共同合作，为客户提供最好的东西。对于亚马逊来说，客户具有绝对的权威。所有的相关方都是伙伴，都要为客户提供最优质的服务。

所以，亚马逊绝对不会把所有问题都扔给合作方或供应商来解决。

举个例子来说，我们与某物流公司协商，希望他们降低运费，但是他们表示这已经是最低价格了，再降价就要亏本。面对这种情况，亚马逊肯定会和对方一起想办法解决这个问题。比如尝试通过技术手段减轻物流公司的作业负担，或者提出由我们承担一部分工作，这样可以把这部分的费用减掉。以前每个物流目的地的分拣作业都是物流公司通过人工作业来完成的。为了降低物流成本，让利于消费者，亚马逊投资购置了机器设备，根据物流公司和目的地进行自动分拣。

选择合作方和供应商时同样如此。如果仓库出了严重事故，则会给等待发货的客户带来严重影响。亚马逊认为除了买东西的顾客之外，所有为亚马逊工作的人也都是客户。所以，一定要保证仓库工作人员可以放心、安全地工作。亚马逊有时会要求合作方或供应商加强安保措施。如果对方不认同亚马逊"客户至上"的理念，无视亚马逊的强烈要求，不愿意花钱加强安全措施的话，亚马逊便无法和他们一起共事。

如果你感觉自己赚了钱却让别人吃了亏，那就尽可能将这部分利益让渡给消费者吧。合作伙伴不是索取的对象，而是密切合作的团队，你们应该携手共同为客户提供最好的用户体验。如果做不到这一点，即使取得了暂时的成功，也难以获得长远发展，害人终将害己。和竞争对手合作，与承包商成为合作伙伴，这听起来简直不可想象。然而正是因为创业以来，亚马逊一直执着地做着这种不可想象的事情，所以才得以发展壮大至今。

回答：利益受损的一方可以成为你的合作伙伴，共同为客户
创造价值。

亚马逊禁止使用幻灯片做报告。公司要求所有资料都必须做成文本格式。不需要冗长的内容，基本上只有一页A4纸和六页A4纸两种形式。大多数业务文档都做成一页纸，年度预算和项目做成六页纸（图形和表格另行添加，不计入纸张数量）。

会议开始的前几分钟，与会人员都静静地阅读那一页或者六页材料。在适当的时候，材料提交者会询问与会人员是否读完材料。如果读完了就开始讨论。讨论主要是对材料的疑点进行答疑。材料提交者会按照页码顺序询问大家的意见，如果没有问题便进行下一页，以此类推，直至最后一页。如果一直没有任何问题，就可以结束会议了。这就是最完美的会议。与会人员会为这样的会议鼓掌，因为这说明该提案无可指摘，创意非常棒，材料完美无缺。

第4章

企业是否建立了培训体系?

职场中出现员工很难培养、员工培训的效果不佳、员工对培训没有兴趣等问题时，则需要重新考虑企业培训体系是否存在问题。

亚马逊不遗余力地开展员工培训。与其他企业相比，亚马逊更重视以下两点。

第一是明确员工培训的目标。在第1章中，我谈到了岗位职责的问题。明确岗位职责是员工培训的重要前提。只有明确了岗位职责，上司才能告知员工公司需要你掌握某项技能，但是你现在经验不足，所以希望你参加相关培训。

第二是要将员工培训的成果应用于实际工作中。亚马逊聘请专业讲师指导参加培训的员工。我也参加过培训班，专业讲师的专业讲解使培训内容和实际工作完美结合在了一起。在西雅图进行长期培训所花费的路费、住宿费、培训费以及专业讲师的学费等数额庞大。公司仅为我一个人就花费了大笔费用。需要注意的是，培训不是为了单方面去接受，而是要将培训内容应用于今后的工作中。这样钱才没有白花，培训才发挥了真正的作用。

而日本企业的员工培训，不客气地说，大多数都属于临时培训。很多公司在培训结束之后马上让参与者填写问卷，对本次培训进行评价。其实这样做没有意义。员工培训的唯一目的就是学到知识和技能并落实于工作中，今后的工作表现才是判断本次培训效果的标准。

问题15　企业培养人才的机制不健全怎么办?

上司让我跟着他做,却什么都不教我;上司带新人的方法各有不同,行事风格也不一样,这让下属感到非常迷茫……这些都是职场中的常见问题。

我在本章起始部分谈到,亚马逊非常重视员工培训,其两点也同样适用于上司培养下属的场合。

首先,这位员工在哪方面经验或者能力不足,无法满足这一职位的要求,这是上司们需要了解的基本信息。如果没有全面掌握这一信息,上司们的说法各不相同,下属也会感到混乱和无所适从。上司在教导下属的时候,一定要少用含义模糊不清的词。例如"好好做""拿出诚意来做",因为对这些说法的理解因人而异,所以要尽量避免使用。上司应该使用具体数字来指导下属。例如,上司不要含糊地告诉下属"要微笑送客",而要指示他"送客人时要面带微笑,嘴角上扬1厘米"。这样下属才能拿出具体行动来达到上司的要求。

另外，除了教之外，上司还要考核下属是否掌握了自己教授的内容。如果每位上司的考核标准不同，下属也会无所适从，所以在这一点上上司之间要达成一致。人都有记忆周期，据说学到的内容三天之后都会被忘掉，人需要至少三周时间来消化所学知识。所以对于要求下属必须掌握的技能，一定要从教授之日起每天定时考核，听取下属的反馈。

如果发现下属没有掌握好，不要突然发声斥责他。有的上司在教授完毕之后，放任下属自行学习，不加以指导，三天后检查成果时，却斥责下属："你看看，教给你的东西又忘了！"这样做，虽然上司发泄出了心中的不满，但下属却更加畏首畏尾了。如果希望下属能够早点掌握技能并应用于工作中，那么上司就要时时跟进，多加指导。

这种具体教学的方式，非常有助于员工掌握基本技能。

在亚马逊，无论上司还是下属都属于自律型人才❶。在这样的职场环境中，上司对下属的工作指导是一个倾听（倾听

---

❶ 自律型人才：有想法、有干劲、主动发现问题并解决问题的人。——译者注

下属的工作烦恼）、分析（分析问题原因）和解决（为下属调配资源解决问题）的过程。

如果下属告诉上司，因为忙于其他工作，所以项目不能按时完工。那么此时上司要和他一起分析工作繁忙的原因，找到按期完工的办法。必要的时候，上司可以调配资源（人力、物力、财力），帮助下属渡过难关。

在亚马逊，经理级别以上的领导者都需要与下属进行一对一谈话，这是日常工作的一部分。谈话频率由上司说了算，可以每周一次，也可以每两周一次，一般每人的谈话时间为30分钟。上司要提前和下属约好时间，谈话要选择可以保护个人隐私的地点（例如会议室）。谈话时间是属于下属的，上司扮演的是倾听者角色。他要专注于倾听下属工作中的烦恼，并和下属一起想出解决办法。

难以培养新人的深层原因之一就是上司担心下属的能力超过自己，自己的位置会被取代。

为了防止出现这种情况，亚马逊在招聘人才时制定了一项聘用方针，即要招聘那些能够帮助亚马逊更上一层台阶的人。也就是说，招聘人才的一个重要前提就是招聘对象要比人才需求者更优秀。杰夫·贝佐斯曾经多次表示，不要担心新人比自己更优秀。若非如此，公司便难以发展。事实上，亚马逊的晋升途径正是从上司推荐开始的。上司的一个重要职责就是帮助下属积累足够的经验和业绩，然后为他写升职推荐信。

我在亚马逊任职时，经常对我的下属（他同时也是一名管理人员）说："作为上司，你们的工作就像排演舞台剧。需要各自准备剧目，根据剧目要求搭好舞台，带领演员（下属）奉献出最高水准的表演，得到大多数人的认可。"上司就是要让下属释放出光芒，这种理念已经深深印刻在亚马逊的企业文化中了。当今社会，人工智能获得迅速发展，劳动力不足问题愈发严重。在此背景下，越来越多的企业开始意识到能够培养人才的上司才是好上司。

从大处看，员工培训体系是事关企业发展的大问题。从小处看，它同时又是培养下属的具体问题，是在自己的权限范围内能够马上着手解决的问题。在人才培养方面，企业还有很大的发展空间。只要下功夫去做了，肯定会有所成就。我们可以制定一套合理的机制，不断培养出超越自己的人才，最后把这套机制推广到整个企业。

回答：灵活运用教学法和共同解决问题法，培养出比自己更优秀的人才。

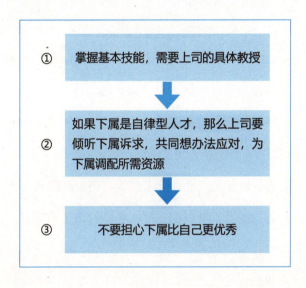

问题 16　如何解决培训效果不好的问题？

我经常听到负责员工培训的人抱怨公司安排了很多培训项目，但是没什么成效。详细询问之后发现，出现这种问题的企业几乎都没有做培训后的跟踪分析工作。如果不对培训情况进行跟踪分析，便无法了解培训效果。

亚马逊开展的是互联网业务，为了更好地服务客户，必然要进行客户跟踪。同样的道理，在进行员工培训时，也要考虑到如何将培训的成果转化为个人能力。如果无法做到这一点，那么就应该思考问题出现在哪里，如何做才能解决这个问题。

但是，在组织员工培训的企业中，有一大半都没有对培训结果进行跟踪分析。因为不知道员工培训之后效果如何，所以无法形成PDCA的良性循环。

因此，当职场中出现培训效果不明显的问题时，首先需要确认培训成果是否体现出来了，它是以什么样的方式体现出来的。

如果从企业外部聘请培训讲师,可以问讲师有没有考查培训成果的方法。如果有,这种方法是什么。在和讲师签约时,最好一并将培训效果的考查方法写到合同里。如果讲师没有考查方法,企业可以要求他制定一个,或者与他一起协商,制定合适的考查方法。

有的企业并不外聘讲师,而是利用自己的教育资源组织员工培训。这种情况也应该在培训之后进行跟踪分析。日本企业往往只重视PDCA中的"计划"和"执行",却忽视"检查"和"行动"。但是实际上,正是因为有了"检查"和"行动","计划"和"执行"才能发挥出应有的作用。所以我们一定要重视跟踪分析,努力收集客观数据,考查培训的具体成效。上司只需要定期检查下属的培训成果即可,要做到这一点并不难。

如果跟踪分析员工培训之后的工作表现,发现培训成果并没有体现出来,此时就要回头重新审视一下培训人员在哪个步骤出现了问题。

是无法理解课程内容?还是不知不觉间忘记了所学的东西?又或是无法应用于实际工作中?问题不同,应对方法也不一样。

企业每年都会花费巨额资金用于员工培训。但是，培训结果往往只是人力资源部门以及培训讲师的自我满足。在员工培训的负责人看来，自己找到了不错的培训讲师，成功举办了员工培训；在培训讲师看来，参加培训的员工都取得了很好的培训效果。但对真实的培训成果的考查却被企业忽视了。

如果想要收回巨大的投资成本，必须坚持对培训成果进行跟踪分析。

回答：跟踪分析培训成果，找到问题点，想出对策。

① 不要培训感想，而要培训成果

② 如果培训成果不明显，要查找问题出在哪里

问题 17 员工参与培训不积极怎么办？

我常常听到人力资源部职员抱怨员工参加培训不积极。我认为出现这种现象是因为员工没有充分理解培训目的（企业希望员工培训后达到的目标）。事实上，无论接受培训的员工，还是举办培训的部门，对培训目的的理解都有问题。

在亚马逊，员工培训的目的很明确，那就是通过培训掌握工作从当前阶段进入到更高阶段需要具备的能力。培训不仅是工作进入下一阶段的先决条件，也是要通过的难关。上司在考察一位员工的工作时，会看他是否参加过培训，如果没有，会在下次晋升机会到来之前安排他参加。下属也认为参与培训是很自然的事情。

但是，我听说日本企业对员工培训的要求是，鼓励员工参与培训，但是参加或者不参加最终都由个人做主；或者要求员工必须参加培训，但是想要达到什么目标由员工自己说了算，这些要求非常模糊不清。如果自愿参加，那么忙于一线工作的中层管理人员会优先选择去工作，而不是参与培训。如果必须参加培训，但是培训目标不明确的话，那么肯定有人以各种工作理由离开培训场所。

要解决以上问题，首先举办方（人力资源部门）要好好思考培训的目的是什么，公司希望员工通过培训达到什么目标。如果不明白为什么要举办培训，还不如果断取消，让原本计划参与的人回到工作岗位为企业出力。如果举办培训是因为担心别人说自己偷懒旷工，那就大可不必举办了，即使举办了也不会有任何效果的。

培训负责人容易抱有以下两个错误观点。

一种是将员工参与培训不积极的原因归结为培训讲师上课枯燥无趣，所以会选择那些重视授课娱乐性的讲师。我并无意于否定说话风趣的讲师，不过如果将培训过程中学员的满意度作为选择讲师的标准，结果将会偏离培训的初衷。正确的做法是，以希望参加者掌握并应用什么技能为标准来选择讲师。

另一种是认为无须全员完成培训目标，只要一部分参与者有所收获就可以了。如果举办者抱有这种想法，学员自然会认为这些技能的掌握并非是强制性的。这会给学员留下一种"这场培训活动没那么重要，可以不参加"的印象。

　　我在前文中已经讲过，将培训成果应用于实际工作中非常重要。培训活动负责人要关注的不是培训结束时的感想，而是培训结束后的成果。

> 回答：只有所有参与者都需要掌握某种技能时，才举办培训活动。

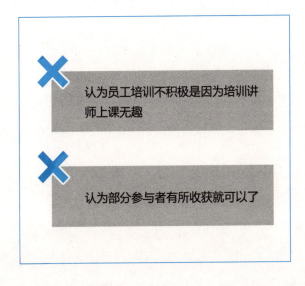

　　日本亚马逊经常举办场外会议。在远离办公室的某个地方，就一个主题进行集中讨论。那时我任职的运营部门每年也会举办好几次这种会议，地点往往选择在远离市中心的宾馆，活动时间为两天一夜。

　　我参加过的最大规模场外会议是全球运营和客户服务会议。这项活动每年举行一次，公司承租了一家规模很大的宾馆，会议时间共三天，来自全球的负责亚马逊运营和客户服务的300余名员工集中在这里开会。

　　举办场外会议有两大意义。其一是共享信息（例如公司发展的大方向和新技术等），使与会者达成共识。其二是在该领域构建关系网。这种大规模会议需要投入很多资金，这从侧面反映出亚马逊对场外会议的重视程度。

第5章

企业是否致力于提高客户满意度?

如果真正做到从客户视角审视工作,我们的工作方式会发生根本性变化。员工工作懈怠、新的想法很难实现、厌倦了部门之间的利益竞争、工作内容"换汤不换药"……出现这些问题,都是因为没有真正站在顾客角度思考。

亚马逊始终奉行"客户就是上帝"的宗旨。对亚马逊来说,顾客是不可动摇的存在,为员工的工作指明了方向。

亚马逊每季度都会举行员工表彰活动。各种奖项当中,最有价值的是"门桌奖"(Door Desk Award)。公司为获奖者颁发迷你门桌❶,这象征着亚马逊的节俭作风。迷你门桌上除了刻有亚马逊创始人杰夫·贝佐斯的签名之外,还有一行字——一切都由顾客说了算!(Customers Rule)

---

❶ 杰夫·贝佐斯创建亚马逊时,将家里门板拆下来装上桌腿后做成了办公桌,这就是门桌的来历。——译者注

我在第3章中讲过，亚马逊一直秉持"全球使命"的理念。这一点从创业至今从未改变，它已经成为全球各地亚马逊公司普遍认可的价值观，并派生出"合算、愉悦的客户体验"与"备货品种丰富，配送和支付方式具有多样性"这两个指标。而客户体验（Customer Experience）正是著名的良性循环商业模式的起点。

要解决上述的种种职场问题，我们需要换一个视角，重新审视自己的工作，想想看自己做的事情是否真正是为了顾客。想清楚这个问题之后，我们的工作方法将会发生颠覆性的变化。

许多职场都存在员工工作懈怠的现象，员工或者抱怨公司从事的是夕阳产业，即使努力工作也没什么前途；或者抱怨反正好好做薪水也不会增加，所以随便做做就行了……

出现这些问题，说明该企业没有真正做到为了顾客而工作。眼前的某些东西吸引了员工的注意力，使他们只专注于此，而把重要的顾客抛到脑后了。

亚马逊绝对不存在没有干劲的员工。因为亚马逊的使命是提高顾客满意度，同时它的商业模式也是以顾客为中心。

杰夫·贝佐斯比任何人都要更强烈地意识到这一点。他经常说："顾客总是期待亚马逊不断前进。我们不能辜负他们的期待，必须永不止步地向前走。"

亚马逊对顾客满意的理解是，顾客们在亚马逊购物不仅很合算，而且很高兴。亚马逊总是想尽各种办法提高客户满意度。

在配送速度方面，顾客希望越快收到货越好。了解到顾客的这种需求后，亚马逊想办法将配送时间从几天缩短到一天、几小时，有的地区甚至做到一小时之内送达。不过，这并不是亚马逊服务的终点。亚马逊人总是在思考是否有办法把货物更早、更准时地送到顾客手中。

顾客希望有更适合的支付方式，那么亚马逊就让顾客自己做选择。在亚马逊日本购物网站刚刚成立时，只有信用卡这一种支付方式，后来逐渐发展到货到付款、便利店付款、自动柜员机付款、网上银行、电子货币、分期付款❶、分期定额付款❷等多种支付方式。今后，根据顾客的需求，还有可能开通虚拟货币来结算。然而，这也不是亚马逊提升服务的终点。

无论任何行业、任何规模、任何部门，都需要思考我们如何做才能提高顾客满意度。只要坚持没有最好只有更好的理念，工作便可以永远充满动力。

感叹自己的行业是夕阳产业的员工，可以问问自己，是否真正倾听了顾客的心声？是否经常听取顾客反馈到客服

❶ 单次付款金额由购物金额和付款期数决定。——译者注

❷ 单次付款金额固定不变，不受购物金额影响。——译者注

中心的意见? 是否针对顾客进行过市场调查? 是否参加过新

领域的展销会? 是否让路人试用过你的产品? 是否询问过来

日本旅游的外国旅客的需求? 是否努力开发过其他国家的客

户? 如果用尽所有方法, 仍然认为自己的行业是夕阳产业,

那它才真的是夕阳产业。事实上, 顾客的需求远远超出我们

的想象。很多情况下是我们自己武断地决定放弃而已。

回答: 想尽所有办法, 听取顾客的心声。

　　客户总会提出新的要求，希望我们比现在做得更好。要满足客户的要求，企业就要不断创新并努力实现，只有这样才能获得客户的信赖。如果企业有无法将创意商业化的烦恼，那是因为他们并没有真正倾听客户的心声。

　　可能有人会反驳说："你说得不对。客户的确有很多需求，但是每当我想尝试新项目的时候，上司总是对我的想法提出质疑，'这种项目能顺利做下去吗？''如果产品卖不出去谁负责？'我的创意总会因为他的质疑而流产。"有些上司只是一味地质疑，却不告诉下属解决的办法。有这样的上司的确很不幸，但是遇到这种情况，叹气抱怨也无济于事。要想将创意转化为现实，需要注意以下几点。

　　首先，收集客观数据，用数据说服上司。例如，可以告诉上司客户的要求很强烈，然后给他看数据。也可以制作产品的样品给预期客户试用，并收集他们的意见。其次，从小规模做起，不给现在的工作带来大的影响，把预算和成员人数都控制在小范围内。收集用户的良好反馈，用来说服上司。再者，制定撤出的红线并告知所有成员。例如"投资××万日元，达不到目标就撤出""到了×年×月×日如果没有达到目标就撤出"。要注意的是，这里的目标一定要用数字的形式明确表示出来。最后，用客户来激励团队成员。要经常告诉下属"这样做的话，客户会很满意"。有不同意见很正常，不要与意见相左者针锋相对，形成敌对阵营，而要与之好好沟通，一起为提高客户满意度而努力。

　　亚马逊在推进一个新的项目时，一定是从小规模测试开始的。假设要在亚马逊上销售某种类型的饮料，全国有100家工厂生产此类饮料，且每个工厂生产10款产品，也就是说，一共有100家厂商和1000款产品。亚马逊当然不可能和这100家厂商全部签约，同时销售他们的1000款产品。因为这是一种新型饮料，不知道销售时会出现哪些问题。这种情况下，亚马逊会首先选择其中的一家或者两家厂商签约，销售他们的10款或者20款产品。在此过程中如果出现问题，就想办法解决。然后，将合作厂商数量增加到10家，出现问题再解决。再将合作厂商增加到50家，出现问题再解决……这样不断重复，最后做到和100家厂商合作。

在亚马逊，这种事业推进模式被称为"挑战极限"（push the envelope）。如果项目进展顺利，就逐步扩大事业规模，直到极限。这种方法虽然看起来比较谨慎，需要花费较长的时间。但是在整个执行过程中，PDCA循环可以保持得很好，所以能够避免严重的失败。再加上能够稳步达到更高目标，所以一线员工不会有做不了的感觉，也不会感到茫然、无所适从。

> 回答：从客户的需求着手，以客户的需求来说服周围的人，从小规模做起，一点一滴地做大做强。

① 收集客观数据

② 从小规模做起

③ 制定撤出的红线，并告知所有成员

④ 用客户来激励团队成员

问题 20　疲于协调部门之间关系怎么办?

　　我经常听到职场人士抱怨,协调部门之间的利害关系让他们感到非常疲惫。每个部门都试图掌握项目的主导权,很难达成一致意见。出现这种问题是因为他们没有将客户的需求放在第一位。

　　在第3章"无效会议"问题一节中我曾讲过,亚马逊美国总部以前在开会时会保留一席给虚拟客户,其目的是让与会者自省。我们现在也可以自问一下,顾客是否愿意为了我们部门间利益关系的协调而付钱?很遗憾,答案恐怕是不愿意。

　　在亚马逊的企业文化中,没有"妥协"一词。杰夫·贝佐斯常常和我们说:"一定要注意避免出现熟人之间的妥协。"为了易于理解,他举了估算天花板高度的例子。

　　在估算天花板高度的时候,有的人说2.5米,有的说3米。听到两人的说法之后,第3个人说:"要不2.75米吧?"其余两个人都表示赞同，于是，最终三人之间达成一致：天花板高度为2.75米。

这就是"熟人之间的妥协"。在工作中，我们决不能使用含糊不清的数字来确定目标或衡量业绩。遇到上述例子中的情况时，一定要用卷尺精确测量天花板的高度。听到部门间协调这个词时，我首先想到的就是杰夫·贝佐斯所说的"熟人之间的妥协"。这种行为不正是与估算天花板的例子如出一辙吗？

无论任何行业、任何部门，我们从事的工作最终目的都是为了使顾客得到实惠，换句话说，不是我们自己想怎么做，而是顾客想让我们怎么做。我们对待工作要比以前更认真、更有决断力。我们做出的每一项决定都是部门之间合作的结果，而不是妥协的结果。

我在本书中多次提及，亚马逊有14条领导力准则。我十分欣赏其中第11条"赢得信任"（Earn Trust）。在进行部门间协调时，有的领导因为偏心自己的团队而固执地认为错在别人。事实上，领导要赢得下属发自内心的信赖，就要尊重其他团队和部门成员，真诚地倾听他们的声音。

部门之间的协调不是为了各自部门的利益，而是站在客

户角度，一切为了客户。拥有这种远见卓识的领导者，通过

互相合作、协同推进，肯定会取得丰硕的成果。

回答：不是在部门之间进行协调，而是为了客户利益而合作。

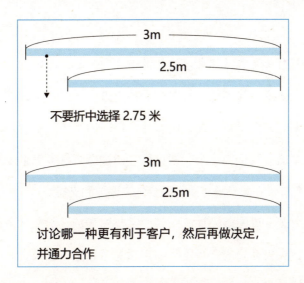

问题 21　产品没有新意怎么办?

　　因为参考数据都来自被开发出来的产品，所以自己的产品毫无新意；与商业对手在产品功能方面展开竞争，结果制作出来的东西千篇一律，没有特色……很多企业都有产品雷同的烦恼。我认为这个问题也可以通过提高顾客满意度来解决。若过于在意竞争对手，则会失去客户的支持。

　　杰夫·贝佐斯经常说："一定要注意，过于在意竞争对手，会失去客户的支持。"这句话的意思是，如果企业经营的目的是为了战胜竞争对手，那么就会失去顾客的支持，没有什么比顾客更重要。

　　亚马逊并非完全不把对手放在眼里。只是在亚马逊看来，商业对手并非竞争对手，而是一面镜子。通过商业对手，企业可以了解现在的自己正处于什么水平。假设某购物网站计划销售一种亚马逊没有的商品，此时亚马逊人会想，我们也要下点功夫，争取在我们平台销售这种商品。

但是，亚马逊并不会急于赶在对手之前开展这项服务。如果公司的相关配套还不完善，只是为了打败对手而匆忙开展，结果只会给顾客带来麻烦，得不偿失。

不过，亚马逊也不会毫无动作。在工作准备方面，亚马逊的速度之快足以使其他企业大吃一惊。这种干劲来源于对客户满意度的执着追求。一定要尽早为顾客提供这项服务。因为全体员工都秉持这种信念，所以产品的开发进程越来越快。

我经常从厂商那里听到这样的事：竞争对手的产品搭载了某项功能，我们不想落后于他，于是也在产品上搭载了相同的功能。看到我们这样做，对方又在自己的产品上搭载了另一种与我们公司一样的特色功能……这样不断重复，除了品牌不同之外，我们两个公司的产品几乎完全雷同。

投入了大量资金和人力之后，却导致了产品雷同，这件事着实让人笑不出来。事实上，产品功能过多的话用户的使用体验并不好，这种产品很可能失去用户的支持。这个典型事例正是杰夫·贝佐斯的那句话的写照——过于在意竞争对手，会失去客户的支持。

针对这样的问题，我们需要从根本上重新审视工作方法，使其回到正轨，具体步骤如下。

第一，再次确认我们应该如何取悦客户。

第二，在此基础上倾听客户的声音。

第三，把竞争对手当作了解自身水平的参照物。

其中第一点尤其重要。我们要思考究竟想从客户那里听到什么样的声音，希望产品是"划时代的、令人惊异的"，还是"便宜的"，或者是"绝无仅有的"……确定了这一点之后，要把客户的心声告诉全体员工。这就是企业今后发展的方向。

> 回答：把竞争对手当作了解自身水平的参照物，致力于提高客户满意度。

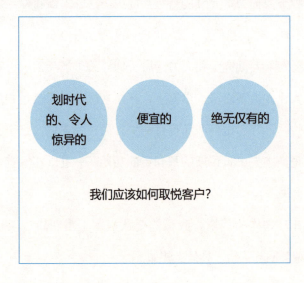

[专栏 05] 亚马逊在圣诞季的客户服务

在亚马逊，我们绝对不能违背对顾客的承诺，不能让他们的期待落空，尤其是在圣诞节这样的重要节日里。每年的12月前后，在日本亚马逊的购物网站上，部分商品会加上"圣诞节前送达"的标志。这样做是为了让消费者快速知晓哪些商品能保证在圣诞节前送达，而哪些可能要稍晚一些。

亚马逊想尽各种办法来兑现对消费者的承诺。在美国，某年圣诞节的前一天，有顾客向亚马逊的客服中心反映没有收到所购商品。虽然后台数据显示已经配送完毕，但是事实上包裹并未送达。于是，客服中心的工作人员根据自己的判断启动了免费配送方案，并将包裹的运输方式升级为空运，最终包裹得以当天交付。在日本也曾经出现过类似情况，尽管我们已经要求物流公司想办法赶紧送货，但眼看着圣诞节马上要过去了，包裹仍未送至顾客手中。当时，我们马上召开紧急会议商讨对策。最后，我们让离收货地最近的仓库经理装扮成圣诞老人，直接把包裹送到顾客手中。当"圣诞老人"出现在顾客面前将包裹交给他时，顾客非常惊喜。

第6章

企业考核制度是否完善?

"上司对我有偏见""员工离职率高""老员工不给新人挑战的机会""和脾气古怪的同事打交道很累"等，出现这些职场问题大多都因为没有制定量化指标或者没有完善考核制度。设定量化指标，以此为标准进行考核，这二者是密切联系的整体。

很多公司的考核都没有有效地实施。公司的确制定了量化指标，但是制定后便没有进行任何阶段考核或检查。只有在年底发放绩效工资时，上司才会告诉下属考核结果。在这一年时间里上司没有给下属任何提示，但却在年底突然通知他考核结果不理想，下属会怎么想呢？他一定会很震惊，并且感到委屈。因为在此之前上司并没有对他的工作提出过批评，所以员工一直以为自己的工作是合格的、被领导认可的。这种委屈进而会转化为不满，员工认定公司对员工的考核是不公平的，再在公司做下去也没有意思，于是提交辞呈，离开公司。

类似问题的出现是因为上司没有正确理解考核的含义。很多公司都认为考核只是判断下属的业绩是否合格而已。而亚马逊却认为考核是定期检查下属的工作。如果发现问题要及时帮他纠正，目的是为了让下属能够完成量化指标。

我在前文中讲过，在亚马逊，经理以上级别的管理人员需要在日常工作中定期和下属进行一对一交流，检查下属当前的工作进展，必要时需和下属一起想办法解决问题。除了年底考核之外，公司还会进行中期考核，重点检查员工的工作是否符合领导力准则的要求。必要时，上司可以酌情提拔下属，以期顺利达成工作目标。

　　"上司认可同事，却不认可我""善于巴结的人更受到上司赏识""工资越来越少，少到想辞职"……很多职场人士对自己的境遇抱有不满情绪。每天带领这些满腹牢骚的下属们工作，上司想必也很头疼。

　　消除公司内部不公正现象的方法之一就是制定量化指标。关于这一点，我在第2章已经详细解释过了。如果能用客观数字作为考核标准，那么认为评价不公正的人数就会减少。在亚马逊看来，如果目标没有用数字的形式确定下来，那么员工根本不知道要做到什么程度，这是业绩考核的重要前提。采用这种办法可以避免评价标准模糊不清，仅因为讨得上司欢心就升职或者仅因为性格招人喜欢就升职的现象也会消失不见。同时，这种做法也能防止部分员工（例如，虽然工作能力出众，但是和上司性格不合；或者性格不招人喜欢，但业绩突出）受到不公正待遇。

上司在考核下属时不能以工作是否充满干劲，或者工作时间是否足够长为标准，而是首先要把工作目标告知所有人，然后根据个人业绩完成情况来进行考核。

在量化指标不明确的职场中，下属往往很难认同考核结果。此时上司可以尝试这样做：在本周五告诉下属下一周需要完成的数字，并且在下周五检查下属的工作进展情况。我在本章起始部分说过，上司的职责不是考核下属是否完成任务，而是想办法让所有下属都完成任务，为下属提供支持，帮助他们完成业绩目标。上司不仅要指出下属哪里没有做好，还要和下属一起想办法把没有做好的工作做好。只要上司能坚持这么做，上下级关系一定能有所改善。

不过，亚马逊并不是用量化指标来衡量一切。否则，这种考核就如同检查机器人的生产效率一样，失去考核本身的意义。

我们把依据量化目标进行的考核称为"定量考核"，而很难转化成定量形式的考核称为"定性考核"。亚马逊非常重视员工的领导能力，因此制定了领导力准则。领导力准则一共有14项条款，规定了所有亚马逊员工（不论职位）应该具备的个人素质。在一对一谈话、中期考核、年度考核中都会考查员工的行为是否符合领导力准则的要求。员工的表现会极大影响他的加薪和升职。正因为有了基于领导力准则的考核机制，所以才能够防止出现为了业绩不择手段、轻视或出卖工作伙伴、在工作中抢风头的行为。

或许有的人会说："我们公司没有定性考核的机制怎么办？"

要解决这个问题，除了建立个人素质的考核机制之外，并没有什么好的办法。你可以利用公司经营方针来设立个人素质的考核标准。

任何公司都有自己独特的经营方针或经营理念。其中必定包含了本公司的存在意义、区别于其他公司的独特之处。如果能够在工作中践行公司的经营方针，那就是合格的员工。

例如，某公司的经营方针是"客户至上"，而有的员工却不重视客户，那么他的考核结果肯定是不合格的。如果公司的经营方针是"用新技术震惊世界"，那么不断开发新技术、不断思考如何用新技术震惊世界的人会获得公司的肯定。

即使团队人数较少，领导也可以根据公司的经营方针制定出属于自己团队的工作准则，以此作为团队成员的考核标准。在工作准则的指导下，找到适当的方法考核工作成果，这样就可以组建一支团结一致、勠力同心的战队。

可能有员工会说："我重新读了公司的经营方针，发现不适合自己。"此时，他需要仔细想一想究竟哪里不合适，公司的发展方向和自己的职业理想大致一致，还是截然相反？如果是后者，那么很遗憾，这样的员工为公司做得越多，距离自己的理想就越远。这种情况下，员工需要认真考虑是否应该在公司继续工作下去了。

> 回答：从定性和定量两方面进行考核，可以在很大程度上防止出现考核不公正的问题。

① 以量化指标考核工作完成情况（定量考核）

+

② 根据公司经营方针制定员工行为准则，以此作为考核标准（定性考核）

问题 23　因为优秀员工离职而烦恼的上司应该怎么办?

很多企业的管理人员都有员工干不了多久就辞职的烦恼,越是优秀的年轻员工越是如此。那么,管理人员应该怎样解决这一问题呢?我认为答案就在于"表扬"。

对员工来说,金钱酬劳(工资和奖金)是他们工作的动力。但是这些都是由企业说了算,而且除了极少数企业之外,员工工资很难有飞跃式增长。也就是说,金钱酬劳是员工自身无法掌控的。

除此之外,还有一种非金钱酬劳也可以成为员工的工作动力。这就是人们渴望获得他人认可的欲望。自己努力工作的样子被他人看在眼里,并且他会对你说"你很努力,谢谢你",这种感谢的话语本身就是一种酬劳,它是人们工作的巨大动力。那么,下属最希望自己的努力被谁认可呢?答案是上司。比起其他人,下属更希望从上司那里听到"你很努力"的称赞。当然,只有非金钱酬劳(口头表扬),而没有金钱奖励（工资）的公司很难经营下去。因此，企业不仅需要保证员工努力工作就可以获得相应的金钱酬劳，还需要给予其非物质的表扬，其中后者是上司可以掌控的。然而在现实中，上司给下属的非金钱酬劳往往并不充足。

亚马逊非常重视"表扬"，上司会向其他员工宣扬下属的业绩。以我之前长期工作过的运营部门为例，仓库建立了适当的组织体系和相应的机制来增加出库量，单日最大出库量常常被刷新。每当出库量被刷新纪录时，该仓库经理都会发邮件给日本其他仓库的经理，内容诸如"我们创造了每天××万件的最高出库纪录"。于是，看到的人都会向创造纪录的人表示祝贺。

当取得了非常优异的成绩，例如完成了一项重要项目时，我们会把工作成果发布到邮件列表中。能看到邮件列表的人包括杰夫·贝佐斯以及运营、零售和工程等各部门负责人，还有亚马逊在全球各分公司的总经理。他们看到了邮件内容并认可工作业绩时，会把邮件转发给其他成员。如此一来，全球各个分公司都纷纷发来贺电，甚至有时还能收到来自杰夫·贝佐斯的贺信。

为下属搭建一座舞台，让他收获大家的赞美，这是上司的重要工作之一。上司应该把下属培养成值得大家信赖和依靠的伙伴。一般来说，声势越大，宣传效果越好。在宣传下属业绩时，无论多大声势都不过分。

亚马逊秉持让利于顾客的经营方针，因此与其他外资企业相比，日本亚马逊员工的工资并不算高，但是员工每天都能感受到工作的意义。这是因为员工的工作成果得到了上司和公司的认可。

> 回答：上司要向周围人广泛宣传下属的工作业绩，为他赢得更多更好的机会。

认可下属的工作价值，为他搭建收获赞美的舞台

问题 24　很多元老在其位不谋其政怎么办?

　　我经常听到某历史悠久的大型企业一线员工抱怨,领着高薪的元老们在其位不谋其政,正是因为这些元老才扼杀了年轻骨干对工作挑战的热情。

　　亚马逊是一家年轻的企业(美国总部成立于1994年,日本分公司成立于2000年),所以还没有出现"老害[1]"问题。跟随亚马逊创业,而今超过60岁的员工凤毛麟角。员工的平均年龄在30多岁。而且随着亚马逊的发展,内部不断引进新人,所以员工中大半都是入职未满一年的新员工。

　　2016年2月,那年我47岁。我辞去了亚马逊的职务,辞职理由之一就是不想成为"老害"。那时,我冷静地对自己是否能够跟得上未来亚马逊要求的速度和精力的问题做了一番

---

[1] 老害:在企业中,即使已经到了高龄,仍然紧握权力不放的老人。也指这种社会现象。——译者注

自省。最终发现我很难达到公司的要求。在亚马逊，完成一项工作需要相当快的响应速度和充沛的精力。随着企业规模的扩大，这些条件变得更加重要了。而同时我自己的体力却在下降。有些工作仅凭知识和经验是无法完成的。

亚马逊的考核参考了通用电气公司（GE）开发的、被称为"九宫格"的业绩考核方式。简单地说就是定量考核（工作表现）和定性考核（工作潜力）并行的双轨考核机制。在亚马逊，工作表现指的是是否达到了量化指标，工作潜力指的是行为是否基于领导力准则。

工作表现和工作潜力都很优秀的顶尖人才在亚马逊属于一年只出一人的奇才，这种员工将能够得到稳定的晋升，并将继续作为后备管理者接受培训。绝大多数员工都位于骨干员工。亚马逊的目标要求比较高，所以能够成为骨干员工就已经足够优秀了。

那么，"老害"具体指的是什么呢？指的是随着年龄的增长员工的工作潜力和工作表现都逐渐变弱。这些人曾经在工作表现和工作潜力方面都非常优秀，但是随着年龄的增长，不知何时，他已经无法发挥自己的力量了。欧美企业在考核方面非常严格，如果成为"老害"，人力资源部门就会通知他因为能力不满足公司所要求的标准，所以不再续约聘用。

那么年轻的业务骨干应该如何处理这个很实际的问题？一般来说，被称为"老害"的人肯定有自己的过人之处，我们应该充分利用他们的能力为公司做事。例如，让他帮忙引荐某大人物、为员工讲授专业知识、帮忙说服高层领导等，这些工作都可以交给他们来做。

如果他们已经无法为公司出力却仍然身居要职，这样只会为公司带来不利影响，阻碍公司的发展。对"老害"听之任之，阻碍年轻骨干的创新和挑战，这种企业往往难以发展下去。

回答：充分发挥元老的能力，如果无法继续为公司出力，只能请他们离开。

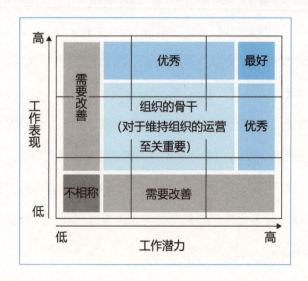

问题 25　身边有脾气古怪的同事怎么办？

　　"下属心情不好时，根本没办法和他沟通，真头疼！" "脾气暴躁的同事总给我惹麻烦。" ……据说人烦恼的90%都来自人际关系。很多职场里面都有脾气古怪的人，他们被称为"职场怪兽"。

　　如果"职场怪兽"拥有很大权限的话，那就非常麻烦了。某项工作只有他能做，或者他不点头工作就没办法进展下去，此时为了保证工作顺利进行，周围的人往往只能对他的行为姑息纵容。

　　这个问题的根源在于考核制度，是这一制度默许，甚至助长了他的行为。解决问题的最好办法是由公司出面制定一项制度，限制"职场怪兽"的"怪兽"行为。不过这一点实际操作起来很困难。更为现实的做法是在自己的团队内部达成共识，不认可"怪兽"行为。

　　如果你是"职场怪兽"的上司，最好提醒他注意工作方法，让他逐渐改变自己的行为。假如某个下属脾气暴躁，心情总是低气压，那么可以选择在他心情好的时候（尽管好心情不多见）经常称赞他，告诉他要保持现在的良好工作状态。

如果你是"职场怪兽"的同事或者下属，遇到这种情况只能去找上司寻求帮助了。如果抱有多一事不如少一事的想法，不主动采取行动，那么这种状况永远无法得到改善。采取行动时一定要注意，不要否定对方的人格，因为否定人格就是否定他一直秉持的价值观，是对他的一种人身攻击。你可以和上司一起想办法提醒他（要事先想好由谁、什么时候、怎么说、说什么）。例如可以这样说："我们尊重你，但是你的工作状态和方法影响了周围同事，能不能请你改一下？"另外，还要请上司制定监督和考核方法，帮助他改善工作状态。

无论"职场怪兽"是你的上司还是下属，我都建议你和他好好沟通交流。因为沟通越少越难打交道。

我刚在亚马逊就职时，曾经有一个让我很头疼的上司。我们的意见经常相左，我觉得他不喜欢我。有一次，我把这个烦恼告诉了商业教练。他平常很少给我意见，这一次却说："我想给你一点建议，你要听一下吗?"得到我的肯定回答之后，他问我："你的那位上司真的讨厌你吗?你直接问过他本人吗?"我说没有。商业教练建议我："你直接问问他本人吧，如果他不讨厌你，那你的烦恼不就消失了吗?"于是，我马上申请和上司见面。见面后，我直奔主题，告诉他我和商业教练的对话，然后说："我想直截了当地问一下，你讨厌我吗?"上司非常惊讶地回答："完全不讨厌啊，你为什么会这么想?"那次长时间的交流缩短了我和上司之间的距离。虽然两人之间的芥蒂并不会因此立即消失，但是通过交流，我反省了自己之前的错误之处（让上司误以为我讨厌他，自认为他也讨厌我），两人之间的关系也改善了许多。在此之后，当下属因为人际关系问题而烦恼时我都会建议他直接问对方，将自己的想法告诉对方，千万不要自以为是，因为自以为是反而会使问题变得更为复杂和严重。

回答：改变团队内部的氛围，与对方进行坦诚交流。

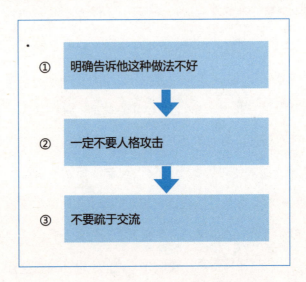

① 明确告诉他这种做法不好

② 一定不要人格攻击

③ 不要疏于交流

　　在亚马逊，每年1月到3月都要进行大规模的年度人事考核活动。考核标准有两个。一个是业绩。公司每周都会下达绩效指标，考核部门可以通过绩效指标的完成情况随时对个人展开评估。另一个是是否符合领导力准则要求。这种考核是360度全方位的，另外，经理级别以上的管理人员还要接受下属的评估。

　　基于业绩和领导力准则的人事考核可以影响到两件事。一件是基本工资。亚马逊设有全球分公司工资上调标准，如果人事考核结果为"中等"，则按照标准加薪。如果考核结果为"较差"，则没有加薪。如果考核结果为"优秀"，则加薪幅度稍高于标准。另一件是受限股票单位（RSU，Restricted Stock Unit）。简单地说，它指的是自己公司的股票，但是公司会做出一定限制，例如一年或者两年后持有人才能够行使权利（即买卖）。相比基本工资，受限股票单位受人事考

核的影响更大，不同的考核结果会导致受限股票单位的巨大

差异。

第7章

企业已经做好改革的准备了吗?

世界正在发生巨变。仅仅从销售方式来看，这几年主流销售方式的变化过程为：线下销售→线上销售→线上线下混合销售。无论是企业还是员工，都需要去适应这种巨大变化。

因此，不要执着于使用相同的工作方法、待在相同的环境，要试着换一个更有利于自己能力的发挥、更能得到锻炼和成长的环境。例如离开现在任职的公司就是一个不错的选项。我们应该从"我想要什么样的人生"这一角度来思考自己未来的职业规划。

亚马逊有不少员工选择辞职离开公司。辞职原因有很多，有的人是因为不适合这份工作而辞职，不过这样的人非常少。大部分人的辞职原因都是为了谋求更好的职业发展。例如，有的人在亚马逊担任高级经理，离职后进入其他公司担任首席执行官；有的人被初创公司挖走，将在亚马逊工作的经验带到新公司。

　　辞职的时候，很多员工都在邮件中写道："今天我就要从亚马逊毕业了。"在亚马逊学习，然后迈入人生下一阶段，这就是这里所说的毕业。因为同事们知道，对于他来说这是非常珍贵的职业提升机会，所以会在送别时对他表示恭喜。大家都在思考如何将在亚马逊积累的经验应用到下一份工作中。亚马逊并不要求员工一生都为亚马逊工作。

　　无论多大规模的企业，其领导者都应该抱有"不知数年之后企业是否还存在"的危机感。在这一前提下，领导者应认真思考企业能在多大程度上积极改革，以及该如何将改革行动付诸实践。如果不这样做，就会完全被那些精于改革的企业远远甩到后面。

问题 26 员工不愿意承担责任怎么办?

某日本企业中层管理人员告诉我,很多企业都有关于承担责任方面的烦恼。例如,因为管理岗位需要承担责任,有时甚至会损害自己的利益,所以年轻职员都不愿意担任管理职务;在很多企业中往往不犯错、不用承担责任的人才能晋升等。

当今时代,产业结构正在发生根本性的变化,小心翼翼怕出错的企业会使自己很快陷入困境。产业机构改变带来的影响非常大,其影响力度不是使企业的市场份额从位居日本第1降到第2,而是使之前经营得非常稳定的企业突然倒闭。

坦白地说,现在已经没有时间犹豫了,改革势在必行。

要做一件前人未做过的新工作,肯定会伴随着风险。风险一词,它的意思是能够用概率来分析的不确定的事物,也就是说,这件事情伴随着某种程度的不确定性。

在改革时,必须弄清楚一件新业务的风险究竟有多大,其做法如下：①要从小规模做起；②收集数据；③分析风险隐藏在何处，具体是什么样的风险。如果分析之后认为这项业务值得挑战，那么就在实践中执行第④步，即消除不确定因素，降低风险。最后，执行第⑤步，即各因素都稳定下来之后再扩大规模。

有很多企业都在犹豫要不要进行小规模的试水后再收集数据。我的建议是，企业从一开始就要强化危机意识和随时保持紧迫感，从小做起，从新的、前人未做的工作做起。

在现实中，人们在上述的第①步和第②步，即起步和收集数据阶段做了大量工作，并且通过第③步获得了满意的分析结果，但是到了真正挑战的第④步，却总是迈不出关键一步。之所以出现这种情况，是因为企业害怕失败。

杰夫·贝佐斯常常在员工面前追忆往昔，以此来强调承担风险的重要性。往昔指的是美国互联网泡沫破灭的2000年前后。当时亚马逊日本分公司刚刚成立，美国亚马逊的股价一下子从40美元下跌到2美元。但是杰夫·贝佐斯非但没有放缓进行固定资产投资的步伐，反而进一步加快了投资进程，这导致公司赤字加剧。当时许多杂志都不看好亚马逊的发展，杂志上充斥着"亚马逊很快会破产""亚马逊的经营手法很奇怪"等，甚至连华尔街的投资者也对公司进行了犀利的批评。

回想当时的情景，杰夫·贝佐斯这样说道：

"那时，他们对我一直存在误解。事实上，我在做一些创新，是一种前瞻性投资。我播下了种子，勤于浇水，这些种子现在都开出了美丽的花朵，它们生长得很旺盛。

不要忘记，正因为我和伙伴们做了不被世人理解的创新性工作，我们才取得了今天的成就。

现在，如果不为未来播下种子，那么这朵花将来一定会枯萎。所以，为了将来能够开出美丽的花朵，今天也同样需要不断播下创新的种子。即使这种创新在今天不被世人所理解。"

有报道称，2018年11月，杰夫·贝佐斯在公司内部会议中谈道："亚马逊并非强大到不会毁灭，事实上我认为亚马逊总有一天会崩溃。"他还表示："亚马逊终将会倒闭，大企业的平均寿命只有30年左右，并不是100年。"这些并不是胡编乱造，而是他的真实想法。

除了来自企业高层的谆谆教诲之外，亚马逊同时也在通过各种机制不断培育不惧失败的企业文化。

典型的机制是领导力准则的第4条"决策正确"（Are

Right, A Lot）。领导力准则是升职加薪的考核标准之一。公司通过这种形式告诉员工：错了也没关系，公司鼓励员工挑战新事物。

如果你有权决定如何使用预算，那么你便可以自担风险，大胆地在团队内部开展新业务。如果你受制于危机意识，畏首畏尾，那么你的职业发展必定是一片黯淡。

> 回答：从小规模做起，减少不确定因素的同时，将新业务做大做强。不改变就不会有未来。

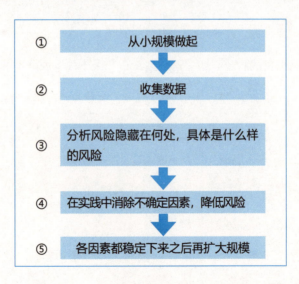

　　很多企业明明有居家办公或者带薪休假的制度,但是却很难执行下去。

　　如果上司不带头做,下属很难主动提出要求。典型例子就是有关带薪休假、男性育儿假和居家办公的制度。如果希望这些制度落到实处,上司可以自己先体验一下这些制度带来的好处,然后再推广到更大范围。总有人质疑居家办公是否真的能提高工作效率。要回答这个问题,应该尽可能让所有员工都亲身体验一下居家办公,看看哪些工作在家做是能够提高效率的,而哪些是不能的。

　　亚马逊是美国企业,因此很重视与家人相处的时间,这种企业文化已经根深蒂固了,员工们都认为应该优先把时间安排给家人。

　　杰夫·贝佐斯同样如此。有报道说他已经与长期分居的妻子离婚了。即使如此,杰夫·贝佐斯本人也非常珍惜与孩子们在一起的时光。我听西雅图总部的副总裁说，有一次早上八点在总部召开董事会，杰夫·贝佐斯迟到了45分钟。他是这样解释迟到原因的："对不起，我陪孩子写作业，所以迟到了。"对此，有的人心生不满："陪孩子写作业，让其他人等45分钟，这算怎么回事！"也有的人认为："他是公司老大，这些都不是事。"无论他人怎么想，至少从杰夫·贝佐斯的话中，我们知道在他看来与孩子相处优先于工作。

众所周知，杰夫·贝佐斯每天一定要睡够8小时。因为他深谙睡眠之道，知道如果睡眠不足，头脑便不清醒，这种情况下更无法提出创造性的意见，也无法做出准确的判断。不过，杰夫·贝佐斯要求员工重视家人、保证睡眠时间的原因却不完全在于此。

杰夫·贝佐斯常常谈论工作和生活的和谐，注意此处使用了"和谐"一词，而不是"平衡"。工作与生活的关系可以这样理解：在推进某个大型项目，或者圣诞季等业务繁忙时期，在这些重要的时间节点上，有些部门的业务工作量会很大。员工无法减少工作量，无法腾出时间将精力用在工作以外的事情上。此时，要从整体上协调工作时间和其他时间，使工作节奏张弛有度。换句话说，就是给员工一定的自由，允许他在工作和生活之间做出调整，最终使二者保持和谐。现在，工作和生活的和谐理念已经成为亚马逊员工的共识。

综上所述，如果有相应的制度但是难以实施时，解决办法是让所有员工都亲身体验该制度，然后由员工自行决定采取哪种工作方式。员工可以选择不回家留在公司办公。但是，如果留在公司办公的理由是为了加薪，作为上司还是要制止这种行为的。因为一旦员工习惯于这种不温不火的工作节奏，以后便很难处理突发的棘手事情了。

> 回答：上司先亲身体验，然后全体员工体验该制度。在此基础上，将工作方式的选择权交给员工个人。

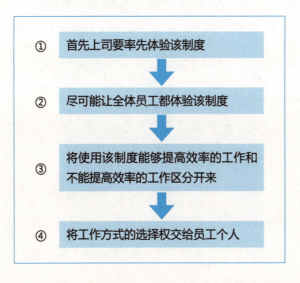

① 首先上司要率先体验该制度

② 尽可能让全体员工都体验该制度

③ 将使用该制度能够提高效率的工作和不能提高效率的工作区分开来

④ 将工作方式的选择权交给员工个人

问题 28 老员工和新员工沟通困难怎么办？

很多职场人士在与年轻同事交流时都有难以沟通的烦恼，他们无法理解年轻人的所思所想。现在，坚决拒绝和上司一起喝酒的年轻人越来越多，两代人之间的代沟比以前更加明显了。

亚马逊的态度是，员工在工作时间内只要能够达成工作目标以及遵从领导力准则行事，无论他持有什么样的价值观都可以。两代人之间存在不同的价值观是正常的。另外，美国人和日本人之间也存在不同的价值观。但是，只要在一起工作就要认可对方的价值观。感到对方的价值观也有一定道理时，我们就会想要和他一起做点什么，并落实到行动中。

我对"多样性"（Diversity）一词有些抵触。离开亚马逊之后，有媒体记者在采访我的时候说："亚马逊是一家践行多样性的公司。"但实际上，包括我在内，亚马逊的员工并没有多样性的意识。企业将一群具有不同背景（不同国籍、不同宗教信仰、不同性别）的人聚集到一起发挥他们的才能，让他们在一起工作，这是很正常的事情。在亚马逊，从来没有人主张提高女性管理者的比例。因为有能力的人无论是男性还是女性对亚马逊员工来说都无所谓，没有人特意去践行所谓的多样性。

我认为企业特意设置女性工作促进办公室反而会事与愿违。因为他们在强求某些不自然的结果。相反地，我们应该专注于制定一个公平、公正的制度，这样一来，无论任何背景的人，只要有能力都可以晋升，这将使工作变得更加轻松。

而从某种意义上来看，正因为有了客户的存在企业才能将不同背景下的人凝聚在一起。亚马逊的员工们常常思考怎样做才能提高顾客满意度，并不断改进工作。在此过程中，亚马逊人逐渐团结在一起。当然，员工之间也会出现激烈的争论。但是，在争论的时候不会出现个人固有价值观间的摩擦，员工不会强调"我这样认为"。因为这样做会使每个人的意见像平行线那样永远不会有交集。亚马逊员工从客户的角度思考问题，考虑怎样做才能让客户满意，这种自上而下的意见交流，使得员工们往往都能够达成一致。

当员工的讨论开始向"代际[1]如何沟通"或者"怎样为女性提供更多的工作机会"等话题偏移时，我们可以试想一下，这种讨论是顾客希望看到的吗？提高顾客满意度是我们的工作指针，我们必须紧紧围绕这个中心开展工作。但是令人遗憾的是，当我们开始相互质疑时却经常遗忘它。只有将顾客满意放在第一位，才能营造出良好的工作环境。只有抛开代际差异和价值观差异，员工才可以顺利地进行沟通和交流。

回答：无须统一价值观，要为了客户而团结一致。

客户

持有不同的价值观很正常
为了客户的利益团结一致

---

[1] 代际：两代人之间。——译者注

[专栏 07] 亚马逊如同赛车一样

　　杰夫·林田（Jeff Hayashida）是我在亚马逊任职时的直属上司，现在他担任亚马逊日本分公司的总裁。他经常用世界一级方程式锦标赛来形容亚马逊，他说："亚马逊像赛车一样，一边在赛道飞驰，一边进行检修、保养。"每当我听到他这样说时，都会由衷地赞叹他的这个比喻。亚马逊一直在飞速发展，不曾有一瞬间停止过前进的脚步。为了增加亚马逊网站的运营效果，网站工作人员每年都要进行成千上万次更新和升级。为了不影响顾客的使用，每次都是在现有系统运行时进行同步更新。仓库的升级同样如此。新建仓库后，从旧仓库中把货物一点点地转移到新仓库时，每次都尽量不影响货物的入库和出库。高速行驶的赛车在更换轮胎时要先停到维修区，但是亚马逊的"维修保养"却是在行进中进行的。

第8章

企业是否打算用机制助力成长?

决策时间太长、信息技术化总是没有进展……出现这些问题都是企业对机制化的理解不足而造成的。

亚马逊的观点是"发挥作用的不是善意，而是机制"。

这是杰夫·贝佐斯经常对员工说的一句话。

这句话似乎有些冷酷无情，不过我们对它的理解是，员工无法只凭善意来持续为公司效力，只有在机制的基础上，员工才能发挥善意。员工的善意类似于日语中的"极致关怀"。这个词我很喜欢，但是我感觉它有时成了管理问题的替罪羊。换句话说，本应由上司来做的机制化工作，被上司忽视了，而他自己也没有意识到，反而要求员工对待工作要展现出极致的热忱。这样一来，越是满怀善意的员工越感到身心俱疲，结果纷纷离职。为了防止出现这种问题，管理层应该想办法创造良好的工作环境，让员工的善意得以发挥。而机制化正是解决这一问题的方法之一。除此之外，它还可以解决很多问题，例如帮助企业缩短决策时间，节省很多不必要的麻烦等。

在进行机制化改革时，要灵活运用各种科技。通常来说，电脑只能按照人的指令行事，然而人经常会粗心大意犯错，而电脑不会。亚马逊在创业之初，就秉承能交给技术做的事情统统交给技术来做的宗旨，不断推进改革。美国总部仓库的主要流程都交由机器人处理。这些在亚马逊员工看来是理所应当的。

问题 29　审批耗费时间太长怎么办？

　　一项决策，从提出到审批下来，需要数人甚至数十人的签名盖章；大型项目的电子签名不被认可，只能等待上司签字等，很多企业都有决策方面的烦恼。

　　亚马逊非常重视决策的审批速度。如果结论一致，那么越早执行越好，这样更有利于顾客的利益。据我所知，亚马逊曾经有过10亿日元的项目在2天之内就审批过关的举措。这个项目提出了一个很好的创意，可以在维持客户满意度的前提下大幅度削减配送费用，不过需要10亿日元的设备投资。财务部门和运营部门同心协力立即做出了决策，马上购买这批设备并投入主要的仓库当中。

　　亚马逊的决断力不仅体现在大型项目的审批速度方面，所有业务的审批都非常迅速。能做到这种程度，起关键作用的是亚马逊的三大机制，它们分别是：①层级较少的垂直型组织结构；②基于两个比萨原则[●]的团队构成；③授权行为 。其中①是整个公司的整体组织机制，②和③是可以灵活应用于所有职场的相对较小的组织机制。

首先对层级较少的垂直型组织结构进行说明。

分公司遍布全球的亚马逊以美国总部为中心，各部门呈垂直型组织架构。位于西雅图的美国总部拥有基本的决策权。日本亚马逊网站几乎所有的系统更新都是由美国工程师完成的。

公司的最高职务者是杰夫·贝佐斯，他之下是各部门的决策者，即高级副总裁，再之下是全球各地的副总裁（即各分公司的最高负责人），再下面是总监、高级经理、经理……亚马逊日本分公司有两位总裁，一位是贾斯珀·张（Jasper Cheung），负责零售和服务工作，另一位是杰夫·林田，负责仓库、客服、供应链等工作。两位的级别都是副总

---

❶ 两个比萨原则：是由杰夫·贝佐斯提出的，他认为如果两个比萨不足以喂饱一个项目团队，那么这个团队可能就显得太大了，因为人数过多的项目会议将不利于决策的形式，而让一个小团队在一起做项目、开会讨论，则更有利于达成共识，并能够有效促进企业内部的创新。——译者注

裁。我离开亚马逊前的最终级别是总监,在亚马逊这种层级较少的组织机制中,我与杰夫·贝佐斯之间只有3级之差。

这种组织结构的另一个特点是,每个部门(例如运营和零售部门)都有自己的人力资源和财务。这样单个部门的人事和财务问题可以通过自己的人事专员或财务人员来解决,不受其他部门的影响。

领导层在决策的时候,唯一重要的考虑因素是这个项目是否具有成本效益。如果能获得决策者的认可,那么项目便可以立即执行。

其次,介绍基于两个比萨原则的团队构成。

在日常工作中想要做到迅速高效地沟通,杰夫·贝佐斯认为需要做到以下两点:

第一,团队人数要适中。

第二,团队成员都与该项目直接相关。

他在20世纪90年代末时就在思考这个问题,认为金字塔形层级组织结构无法很好地应对变化,尤其是技术开发方面的工作,只需要具有自律精神的开发人员就可以了,无需管理人员的参与。

到了2002年,亚马逊员工数量增加,金字塔形层级组织开始成形。面对这种情况，杰夫·贝佐斯提出了改组整个公司，提出两个比萨的团队原则。"两个比萨"指的是团队人数规模。具体来说，团队人数是5—6人，最多不超过10个人。因为超过10个人就变成了金字塔形层级组织结构，遇到问题需逐级请示，工作速度会受到影响。现在基于两个比萨原则的团队仅限于美国总部的开发团队，还没有普及到整个公司。但是，尽量不要形成金字塔形层级组织结构，因为这样做会打击员工的主动性，这种意识已经渗透到亚马逊员工的工作中了。

最后介绍一下授权行为。

亚马逊有一套完善的机制，以保证本人不在办公室时能够将工作的决策权授予他人。欧洲人有休长假的习惯，在休假期间，他们会将部分权限授予他人并告知周围的同事，在他休假期间工作事情由哪位负责。

如果你是上司，那么将部分工作权限授予下属也是一个好办法。例如，如果你有每月使用10万日元的决策权，那么你可以将部分权限授予可靠的下属，告诉他可以自主决定5万日元如何使用，但是一定要向上司汇报。这样一来，下属可以自由支配这部分预算，实现自己的想法。这会给他的工作带来成就感，同时也使他得到了锻炼和成长。此时要注意的是，当出现问题的时候不要把责任一股脑地推给权限接受方，授予权限的一方也要积极承担责任，想办法解决问题。

不要为了确保决策的正确性，而一味地将审批过程复杂化。我们要制定一种机制，使决策内容更加准确、决策过程更加高效。

回答：制定一种迅速高效的组织机制，省去与客户利益无关的流程。

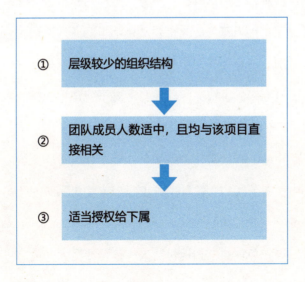

① 层级较少的组织结构

② 团队成员人数适中，且均与该项目直接相关

③ 适当授权给下属

问题 30　职场中还在费时费力地做无用功吗？

　　因为要配合不懂信息技术的老员工，所以导致企业信息技术化进展缓慢；明明用电脑就可以轻松完成的工作，偏偏要让人来做……时至今日，此类现象在企业中仍然屡见不鲜。

　　当今时代瞬息万变，我们正处在大变革时期。创建合理的工作机制，能用新科技的地方，全部用新科技。这种思想已经深深扎根于亚马逊的企业文化中了。亚马逊认为，人类应该做的，不是那些能被科技取代的事情，而是比它们更进一步、更高级的事情。因此亚马逊毫不犹豫地让机器人接手人类一直在做的工作。

　　亚马逊于2016年在神奈川县川崎市建成了一个仓库，并在其中引入了2012年收购的开发机器人物流系统的公司Kiva Systems公司的机器人——亚马逊机器人（Amazon Robotics）。这种机器人外观类似扫地机器人，体型要更大一些，可在仓库内自由移动，代替人工存取货物。现在，亚马逊机器人已经完全取代了仓库中有关存取货物的人工操作。

亚马逊希望最大限度实现信息技术化和自动化。2010年我还在亚马逊工作时，经常听到主管人事的副总裁说要想办法在招聘时省去面试这一环节。现在人工智能技术发达，电脑可以对各种信息进行分类抓取，这距离无面试环节的人才录用机制仅有一步之遥。

除此之外，在上一节中我曾提到，亚马逊可以进行公司内部的自动审批。只要满足相关条件，预期成本效益获得认可后即可操作。并且，目前已经通过计算机实现自动融资了。

亚马逊为什么要最大限度使工作信息技术化、自动化呢？关于其中原因我曾多次强调，那就是我们花费了时间和精力在做一件事情，但是顾客却未必愿意为此买单。

为了避免引起误解，下面我将进行解释。费时费力有两种情况，一种是为了种出美味的大米，农民每天在田间辛苦劳作。这种费时费力是顾客喜闻乐见的。但是，另一种是有的工作电脑几分钟就做好了，却硬要采用人工方式耗费数天时间来完成。这种费时费力只会降低顾客满意度。亚马逊要节省的正是后者，节省下来的时间或金钱会以其他形式（例如降价）回馈给消费者。

　　勤俭节约一词已经渗透到亚马逊的方方面面。这个单词出现在领导力准则第10条。杰夫·贝佐斯经常告诉我们要把钱花在刀刃上，这句话是对这条准则的精妙解读。换句话说，它的意思是不该花的钱不要花，但成本效益高的项目一定不要怕花钱。

　　从亚马逊离职以后，我考察了很多企业，发现他们在用钱方面很吝啬，这一点尤其体现在办公电脑和移动工具方面。

　　亚马逊经常更换电脑。我在职的15年间至少换过7次，可以说几乎每2年更换一次。为什么亚马逊更换电脑如此频繁呢？因为很明显更换电脑会达到更高的成本效益。一些公司在办公用品的配置方面很吝啬，员工常常抱怨公司会议多，却只给员工配发台式机，非常不方便；或者公司的电脑不是人手一台，而是多人共用一台；再或者几年前的电脑现在还在用，而且经常死机；还有公司配发的廉价手机总是出问题……公司这样做或许出于节省办公成本的考虑，但是如果员工一味忍耐的话，工作效率无法得到提高。此时员工应该和公司协商，让他们立即更换更好用的办公设备。

　　与公司协商时，建议你按照以下步骤进行，可以凸显成本效益。

首先，用数字证明购买新电脑或手机可以提高工作效率。假设你用的电脑每天死机15分钟。如果时薪为2000日元，那么每天会因电脑死机损失500日元。每年按照250个工作日计算，则损失总额为500日元×250天=125000日元。

如果最新款电脑的处理速度比原先的快10%，通过计算，时薪2000日元×每天8小时×250天×0.1 =400000日元。

综合算下来，更换电脑可以为公司创造525000日元的价值。

其次，调查电脑的市场价格。假设充分满足工作需要的电脑售价为100000日元。

最后，从预期可以为公司创造的价值中减掉电脑的价格，即525000日元-100000日元=425000日元。你与公司交涉的时候，不要说"电脑太旧了，我想换一台新的"，而要强调"如果换一台电脑，我每年可以多为公司创造425000日元价值"，这样更具说服力，交涉成功的可能性更高。交涉时，关键要展示出一年的成本效益。时间太长的话数据不容易理解。以一年为期，告诉对方只需要一年时间，就可以为公司多创造这些价值。这样的提案更容易通过。

回答：展示成本效益，以此作为交涉筹码，尽快推进工作的信息技术化和自动化。

[专栏 08]　亚马逊的事后分析机制

　　一个项目完结之后，亚马逊一定会进行事后分析和总结。这是评价机制的一部分，属于PDCA循环中的"检查"和"行动"环节，是所有部门的工作内容之一。

　　在我长期任职的运营部门中，最大规模的事后分析出现在交易量最高的节日季（圣诞节到元旦）之后。节日季的出库准备称为节日计划，届时亚马逊将用电话连线全国数十名现场主管，对节日计划进行核验。现场主管互相分享信息，例如哪里做得很好、哪里出现问题、下次应该怎样做等。亚马逊员工会花上2小时进行务实性的交流，交流内容和结论转换成文档保存下来。

　　在下次节日计划开始前，现场主管们会再次进行交流。目的是为了重新检查上次的文档内容。在查看文档的同时，一一想出对策，做好应对。

第9章

企业适应新时代的发展了吗?

在当今时代，任何人都能利用社交软件发送信息，我感到这几年客户与企业之间的距离已经大大缩短了。简单地说，在这个时代，企业内部发生的所有事情都会被客户知晓。不利于客户利益的内部真相（例如办公室政治、派系斗争、无效会议等）统统都会传到客户耳朵里。无论企业如何通过广告美化自己的形象都敌不过这一现实。企业形象与现实真相之间的鸿沟越大，客户的幻灭感越强。

人类的平均寿命已经延长，社会将进入"人生100年时代❶"，同时日本也迈入少子老龄化社会。在新时代中，用旧思想来做工作可能会失去客户的信任，这也意味着企业无法继续发展下去。亚马逊自上至下秉持员工也是客户的理念，

---

❶ 人生 100 年时代：指人的寿命普遍达到 100 岁的长寿时代。——译者注

因此失去客户的信任也就意味着失去员工的信任。员工要同时兼顾工作和家庭，会有各种烦恼，例如需要照顾老人，但是公司不允许居家办公；或者想为孩子积攒教育资金，公司却不允许员工从事副业。时代正在变化，员工却不断被公司内部规则约束。他们会因为这种工作方式不适合自己而萌生去意。

　　亚马逊对待工作方式和副业的态度是，只要不影响本职工作就可以。之所以能这样做，是因为每个员工都有指定的量化指标（参考第2章）。量化指标管理制度在一定程度上保证了员工的自由。鉴于此，我建议企业应该在力所能及的范围内改革，提高对新时代的适应能力。

很多企业员工对于学习新知识、尝试新工作抱有抵触心理，他们总是认为过几年就退休了，现在不想再学新东西了；或者认为年纪大了，不想尝试以前没做过的工作。他们对工作抱有一种乐观心态，认定不做任何改变也可以混到退休。在实际工作中，这种态度不被提倡。

亚马逊在领导力准则第5条的好奇求知中对员工安于现状的态度提出了警告。

第5条是领导力准则所有14条中的最新条款，于2015年加入修订版中。负责制定领导力准则的美国总部认为，应该对公司发展壮大之后新加入的员工进行教育，希望他们重视学习，要求他们不断进步。

在创业初期，员工对事物抱有好奇心，具有挑战精神，他们不断探索，经历失败，积累经验。那时播下的种子，现在终于盛开出了灿烂的花朵。但是在公司形成一定规模之后新加入的员工是无法理解当年的辛苦的。如果公司不对员工进行教育培训，越来越多的人会将个人利益凌驾于公司利益之上。杰夫·贝佐斯为我们敲响了警钟，他说："不要不劳而获地去摘取别人努力得来的果实，无论任何时候，都要做那个播种的人。"要做到这一点，关键就是学习。

众所周知，由英国管理学家和经济学家合著的世界畅销书《百岁时代的人生》（*Life shift*）中首次提出了"人生100年时代"这一概念。他们的观点是，平均寿命80岁的人生可以分为教育→工作→养老3个阶段，但是平均寿命100岁的人生在教育和养老之间又存在好几个阶段。之前的工作模式（大学毕业后一直在同一家公司工作，直到退休）几乎消失不见。人们一生不会只从事一份工作。一生当中有三到四次完全不同的职业经历将成为主流。在新的人生舞台上，即从事新的工作时，一定要学习新知识。我们在不断重复学习→工作→学习新知识→在新的舞台从事新工作→学习新知识→在新的舞台从事新工作……的过程。

本书的读者们大概多数都处于"人生80年时代"和"人生100年时代"之间的位置。对于你来说，学习将会成为让自己的一生更加丰富的钥匙。

　　在亚马逊，时时想到客户是员工学习欲望的源泉。自己在享受业余爱好的时候，会想到是否能将同样的快乐带给客户。即使在离开亚马逊的今天，我仍然保留着为客户着想的习惯。我喜欢邀请朋友们来我家吃烧烤，想办法给他们最周到的招待。为此，我学着亲自挑选食材、调味料，并列出菜单，还会为客人们准备惊喜。把自己感兴趣的事情和想要取悦的人联系在一起，会让学习充满乐趣。通过学习我们会结识各种各样的人，他们能帮助我们拓展人生的广度。

> 回答：将自己感兴趣的事情与要取悦的人联系在一起，重新学习新的知识。

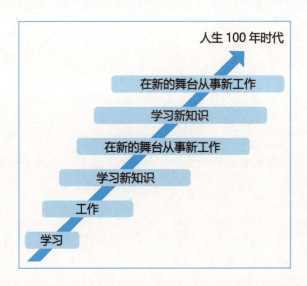

问题 32　如何让员工能够兼顾工作和育儿、照顾老人？

时代正在发生变化，新时代需要用新的工作方式（例如居家办公）来适应。有的企业没有居家办公机制，或者有这种机制却执行困难，于是员工会抱怨工作方式不自由。员工每天都会面临很多生活琐事，例如上托儿所的孩子突然发烧，员工只能请假不上班；每周一次需要在上午之前将家里老人送到老人日托所❶，不得不向公司请假。在办公室上班，面对面交流，这种工作方式当然有很多好处，但是有的时候会影响到家庭，我们也应该看到它劣势的一面。

随着互联网的发展，人们能够轻松实现居家用电脑办公。目前，居家办公已经成为亚马逊员工的工作常态。

假设某天你正要上班时，孩子突然发烧。这时你可以通

---

❶　老人日托所："日托养老"是一种新型养老模式，这种养老模式不仅减轻了家庭负担，更缓解了老年人的孤独感。——译者注

过发送电子邮件联系上司,告诉他孩子不舒服,今天想居家办公。与此同时,一定要需要明确告知对方,虽然自己选择居家办公,但是随时可以接听电话、收发邮件,也能参加电话会议。这样一来,虽然发生了突发事件而不得不选择居家办公,但是通过与其他同事的合作,业务也可以正常运转。亚马逊日本分公司经常和美国总部一起开电话会议,所以与不在现场的人展开交流是很自然的事情,员工完全接受这种工作方式。

有一段时间,我负责在离家很远的地方建仓库。当时一位高级副总裁来日本考察,恰巧在洗手间碰到我,他问我:"将(上司对我的称呼),你从家怎么来这里?"我说:"从家到这里太远,要坐2小时电车,所以现在我在附近租了房子一个人住。"听到我的回答,他很吃惊。我解释说:"最近工作很忙,所以我主动选择这种方式,把家人留在家里,自己一个人过来工作。家人也都很理解我。"他当时并没有说什么,但后来他仍然要求我的上司想办法解决我和家人分居两地的问题。

尽管有居家办公的制度,但是亚马逊并不会为照顾老人的员工发放津贴,也不会因为员工要带孩子而减少他的工作量。无论员工个人情况如何,公司方面的态度是,只要达成既定目标就可以了。公司不会询问员工每天接送孩子是否很不方便,只会告诉员工可以根据自己的家庭情况选择适当的工作方式,包括居家办公。换句话说,公司给每个人设定了量化指标,这是自由选择工作方式的大前提。当然,也有一些职位(例如仓库主管)必须在现场工作。

企业追求的不是出勤率,而是完成工作目标。现在,是时候跟"不在办公室=不工作"的观点说再见了。

> 回答:设定量化指标,根据需要改变工作方式,只要完成目标即可。

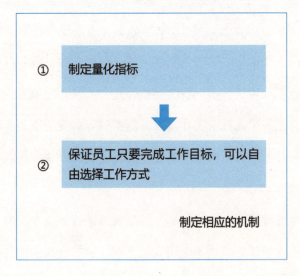

① 制定量化指标

② 保证员工只要完成工作目标,可以自由选择工作方式

制定相应的机制

问题 33　企业应该允许员工从事副业吗?

是否应该允许员工从事副业? 对此, 社会上有很多争论。我认为亚马逊的观点可以为你们提供一些参考。

亚马逊是允许员工从事副业的, 准确地说, 只要不影响在亚马逊的工作, 做什么都可以。

事实上, 这种现象确实存在。有的员工一边为亚马逊工作, 一边经营自己的公司, 也有的员工同时在做房地产生意。欧美国家实行每周40小时工作制, 在量化指标很明确的公司, 员工完成工作任务之后, 只要有余力便可以从事各种副业。

商务人士从事副业的理由既有金钱上的考量 (例如仅靠公司发的薪水是吃不饱的), 也包括精神追求 (例如想要更多的人生经历)。商务人士的精力旺盛, 他们乐于追求不同的人生经验, 这已经成为时代潮流。有的人在金融公司工作, 但是一直对环境保护非常感兴趣, 所以周末在环保非营利组织工作；有的人现在在机械工厂工作，但是一直对教学感兴趣，所以工作之余开了儿童补习班……

我自己现在除了做管理咨询之外，还从事钟爱的日本料理（尤其是寿司）生意。朋友们在家举办聚会需要我去做饭时，我便会去他家"出差"，为客人们提供饮食。日本料理的制作方法是我离开亚马逊之后跟专业厨师学来的。这些经验和知识带给我很大帮助。

从事副业可以使人的知识和经验呈倍速增长。就我来说，做管理咨询是为企业经营者和中层管理人员提供服务，作为厨师是为举办聚会的主人服务，这两者从根本上是相通的。在某一领域的经验可以运用到其他领域，这种感觉让我非常开心。而两者共通的桥梁是满足客户的需求。我想取悦的不仅是眼前的客户，还有客户的客户，这一点与亚马逊的观点完全一致。可以说，我在亚马逊工作的经验为我现在从事的所有工作奠定了基础。

尽管我的副业是在从亚马逊离职之后才开始的，但是我仍然建议在职的商务人士要认真考虑一下，除了现在的工作之外自己还想做些什么。这是件很有意义的事情。因为很有可能这些工作是自己非常想去尝试的，或者不去做就会后悔的事情。尝试了之后，或许你会认为还是现在的工作最好，或许你想在三年之后独立出来经营自己的公司。自己内心给出的答案会为你指出前进的方向。

> 回答：在不影响现在工作的前提下，遵从自己的内心开始新的征程。

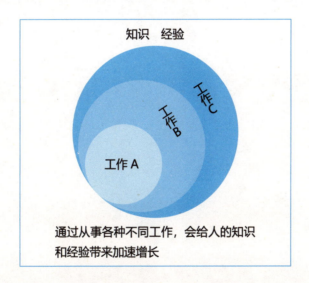

通过从事各种不同工作，会给人的知识
和经验带来加速增长

附 录

　　分公司遍布全球的亚马逊以美国总部为中心，各部门呈垂直型组织架构。位于西雅图的美国总部拥有基本的决策权。日本亚马逊网站的几乎所有系统更新都是由美国工程师完成的。

　　公司采用了树形组织结构，树形最顶端是首席执行官杰夫·贝佐斯，他之下是各部门的决策者，即高级副总裁，再之下是全球各地数十名副总裁（即各分公司的最高负责人）再下面是总监、高级经理、经理……层级并不多。

　　每个部门（例如运营和零售部门）都有自己的人事专员和财务人员。单个部门的人事和财务问题可以通过自己的人事专员或财务人员来解决，不受其他部门的影响。

　　亚马逊日本分公司有两位总裁，分别是贾斯珀·张和杰夫·林田，后者曾是我的直属上司。两位日本总裁的级别都是副总裁，他们的上司在美国总部。

　　S小队（S-Team）是由杰夫·贝佐斯直接领导的团队，他们创建了领导力准则。

亚马逊云科技（AWS，Amazon Web Services）是亚马逊
提供的专业云计算服务，他们与日本亚马逊是不同的公司。

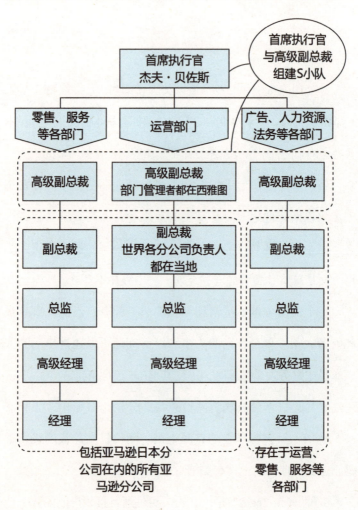

领导力准则是所有亚马逊员工都必须遵守的行为准则，它一共有14条，具体如下。

（1）客户至上（Customer Obsession）

领导者以客户为出发点思考并采取行动，竭尽全力赢得并维持客户的信任。领导者关注竞争对手，但要把主要精力放到客户身上。

（2）主人翁精神（Ownership）

领导者需要有主人翁精神。领导者需要用长远的目光看待问题，不为短期结果牺牲长期利益。领导者不仅要关注团队利益，更要重视公司整体利益。领导者从不说："这不是我的工作。"

（3）创新和简化（Invent and Simplify）

领导者期望并要求自己的团队进行改革和创新，始终寻求使工作简化的方法，了解外界的动态，四处寻找新的创意。有时这些创意并不一定是我们自己想出来的。另外，我们还需要接受将新想法付诸实践时，很长一段时间内可能会被外界误解的情况。

（4）决策正确（Are Right, A Lot）

作为领导者在大多数情况下都能做出正确的决定，拥有卓越的业务判断能力和敏锐的直觉。领导者寻求多样的视角，并且挑战自己的观念。

（5）好奇求知（Learn and Be Curious）

领导者从不停止学习，不断寻求机会以提升自己。领导者对各种可能性充满好奇并加以探索。

（6）选贤育能（Hire and Develop the Best）

领导者不断提升招聘和晋升员工的标准，积极为公司选拔出杰出的人才。领导者积极培训和培养员工，创建新的职业发展机制。

（7）最高标准（Insist on the Highest Standards）

领导者始终致力于追求高标准。有时候在别人看来，他的标准似乎过高。领导者不断提高标准，并推动团队交付更高质量的产品、服务和流程。领导者不会做任何不符合标准的事情，一旦出现问题，他们一定会切实地解决问题，并采取补救措施，以防止再次发生同一问题。

（8）远见卓识（Think big）

局限性的思维只会带来局限性的结果。领导者勇于提出大局方针和策略，获得卓越的成果。领导者从不同视角思考问题，探索所有可能性。

（9）崇尚行动（Bias for Action）

速度对业务影响至关重要，因为很多决策和行动都是可以改变的，所以不要进行过度的考量。鼓励有准备的冒险。

（10）勤俭节约（Frugality）

我们要用更少的资源做更多的工作。勤俭节约可以激励我们创新、自立和发明创造。团队人数、预算和固定成本并非越多越好。

（11）赢得信任（Earn Trust）

领导者专注倾听、坦诚沟通、尊重他人。并且敢于自我批评，即使这样做会令自己尴尬和难堪。领导者不会认为自己或团队总是对的，他们总是用最高标准来要求自己。

（12）刨根问底（Dive Deep）

领导者深入各个环节，随时掌控细节，经常进行审核，当数据和事实不一致时，要持有怀疑态度。领导者不会遗漏任何工作。

（13）敢于谏言，服从大局（Have Backbone; Disagree and Commit）

领导者必须要敢于对他们不赞成的决策提出异议，哪怕这样会让人心烦意乱、筋疲力尽。领导者要信念坚定、矢志不渝。他们不会为了保持一团和气而屈就妥协，一旦做出决定就会尽全力实现目标。

（14）达成业绩（Deliver Results）

领导者会关注其业务的关键决定条件，确保工作质量并及时完成。即使遭受挫折，领导者依然勇于面对挑战，从不气馁。

附录3 亚马逊的商业模式

有一次，杰夫·贝佐斯与一位投资人在餐厅共进晚餐，投资人问他："亚马逊的商业模式是怎样的？"杰夫·贝佐斯在膝盖的餐巾上画了一幅图。这幅图所画的商业模式被称作"良性循环"。在这幅图中，"增长"位于整幅图的中心，周围有六大要素把它包围起来，要素之间用箭头连接。箭头不是双向而是单向的，指明了各个要素发展所需依靠的要素。在一个闭环空间内不断发生连锁反应，其结果是增长空间在不断扩大。

这是一幅广为人知、高度完整的商业模式图。它是亚马逊取得巨大成功的源泉。只要这种商业模式持续运营下去，亚马逊今后的发展就会越来越好。

亚马逊日本分公司总裁杰夫·林田在良性循环中添加了"创新"这一新要素，并将它的箭头指向了"客户体验"。他想强调创新与选品一样，在今后会越来越重要。

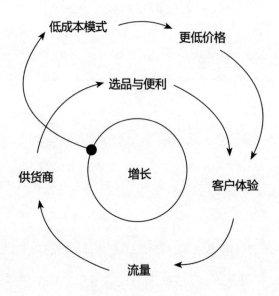

后 记

经常有人问我，亚马逊为什么发展那么快？他们有什么特别的诀窍吗？每次我都会很肯定地告诉他们，没有任何特别的诀窍，他们想的只有"我们能为客户做什么"，单纯地以此为中心推进事业而已。这是一家很简单、很直接的公司。

我认为亚马逊最大的优势在于把一件事情认认真真地做到底。亚马逊之所以能够发展到现在的规模，靠的并不是不断提出独一无二的创意，而是将已经有人提出来但谁都无法实现的事情一件一件扎扎实实、认认真真地做到底。

2018年，我拜访了美国总部。那里的亚马逊体验中心（Amazon Experience Center）中正在展示销售由亚马逊和房地产商共同开发建设的独栋住宅项目。消费者可以在室内任何地点使用语音人工智能助手Alexa，将自己的要求告诉亚马逊智能音箱。当你说"我想看电影"时，窗帘会迅速关闭，亚马逊影音（Prime Video）自动开始播放电影。当你说"打扫房间"时，扫地机器人开始工作……这栋住宅一共两层，包括4个卧室，售价90万美元。其实这个创意并不新鲜，任何人都想要住在这样的房子中。从技术层面上说，它也并非不可实现。但是真正付诸行动，把想象变为现实的只有亚马逊。

我的第一部作品《亚马逊超强经营法则》中讲述了亚马逊的人事考核制度和目标管理制度。在本书中，我进一步以解决问题为中心，更详细具体地分析了亚马逊的管理方法。我们在从事某项工作时肯定会遇到一些问题，我们应该如何从本质上去面对、处理并克服这些问题呢？这是我在写作过程中一直不断思考的东西。我将这些思考记录下来写成了本书。衷心希望本书能够对各位商务人士有所裨益。